成為好父母的一百種魔法學

如何在世界的繁忙中
找到屬於孩子的成長路徑

周雲煒 著

太溺愛怕養出媽寶爸寶、太放任怕孩子誤入歧途……
當父母簡直左右為難！

一百種深入生活、實用易懂的親子教育「魔法學」，
全新又全面的育兒概念，父母也可以有亦師亦友的身分轉變？
與孩子建立更深的連繫，激發孩子的內在潛力！

目錄

第二章　走進孩子的內心世界

第三章　和孩子一起長大

第五章　警惕「富」面效應，不讓孩子做金錢的奴隸

第六章　獎罰分明，孩子更加出色

第七章　沒有禁區的生活，對孩子進行一次反思教育

第八章　培養孩子優秀品格，人生路上受益多

第九章　挖掘孩子潛力，父母和孩子一起努力

前言

對於很多父母來說，最為痛心的莫過於那個曾經很乖的孩子，突然之間就變得十分任性、懶惰、驕縱、蠻橫、衝動，甚至開始欺騙父母，而造成這些惡果的元凶，竟然是一個「寵」字。

說起孩子的教育，可能許多的家長在幻想之餘，會感覺到頭痛，因為教育上總會遇到很多的困難和問題。有的家長為孩子操碎了心，可是孩子的表現卻總不能夠讓自己滿意；有的孩子越大越不愛讀書；有的家長諄諄教導，卻被孩子看作是囉嗦；有的家長為了能夠讓孩子吃好一點、穿好一點，自己節衣縮食也要盡量滿足孩子，可是孩子卻不領情，甚至對家長大吵大鬧。家長不禁會問：現在的孩子都怎麼了，自己都對他這麼好了，他竟然還這麼任性、不懂事！

本書總結多種科學教育孩子的方法，在分析事例的基礎上提出行之有效的解決方案，讓父母讀者能在閱讀中提升自我的家教素養。時代在進步，孩子接觸新鮮事物的管道也越來越廣泛，面對這種情況，家長的教育方式也要與時俱進，在了解社會的發展情況後，才能正確認識孩子的優缺點。過去「不打不成器」的教育方式已經跟不上時代了，家長也要不斷學習，並用更科學、更合理的方式教育孩子。

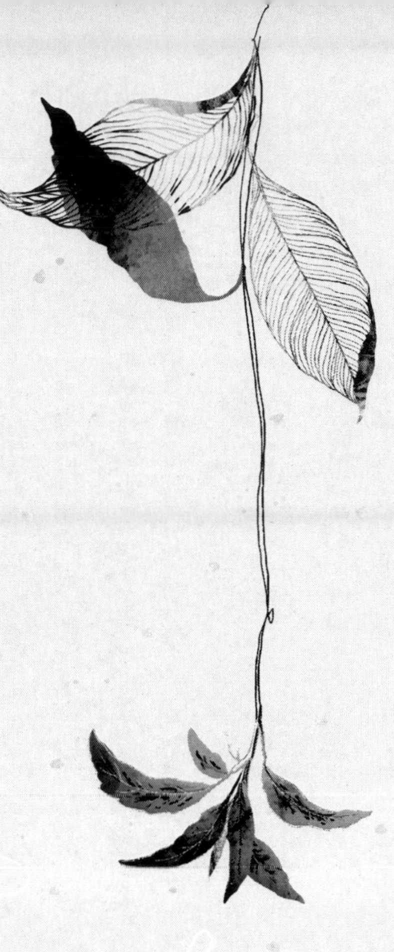

第一章

認清溺愛的真面目，不做孩子成長路上的絆腳石

重點1：溺愛等同於精神暴力

近幾年來，一些關於家長溺愛而把孩子送進監獄的例子不勝枚舉。這也引發了大家關於孩子教育的問題的討論。在如今，很多的孩子都是家裡的「寶貝」，可以說是「集萬千寵愛於一身」，所以就造成了孩子被「溺愛」的現象。家長們覺得自己做的沒有什麼，覺得自己的那種做法算不上是溺愛，可其實呢？

在詞典裡，「溺」的解釋是「淹沒」，人被水淹沒時叫做「溺水」，而被愛淹沒時就叫做「溺愛」。在民間流傳著一句諺語，叫做「慈母多敗兒」。這句裡面的慈指的不是慈祥，而是對孩子過度的遷就和縱容，當孩子處於「溺愛」中時，他離「敗壞」就不遠了。

在現實生活中總會發生這樣的情景：家裡唯一的孩子生病了，由爸爸抱著來到了醫院，病情其實不嚴重，只是簡單的感冒，打一針吃點藥就好了。但是在孩子爸爸的後面，總是跟著好幾個人：媽媽、爺爺、奶奶、祖母、祖父。當他們衝進醫院的時候，總會讓醫生哭笑不得，因為根本沒有必要需要全家出動。而且，本來很簡單的一個小病症，卻要遭受孩子家屬的各種詢問，耽誤了就診時間。

有醫學專家曾經說過，對下一代的過度關愛其實也是一種病。

要知道，這樣的溺愛方式並不利於孩子的成長，很難讓他們養成獨立的精神。孩子在家裡的時候充當的是「小皇帝」的角色，但是出了家門以後卻失去了庇護，每個人都一樣，到了社會上以後，便沒了依靠，因為不獨立，所以便會感覺到六神無主，很茫然，甚至很害怕。

有學者認為，對孩子的過度關愛就像是一種溺愛。父母給的愛太深太滿，就會使孩子在成長的過程中失去很多東西。當家長覺得孩子吃這個不健康，那樣做不安全，完全給他一種保護過頭生活環境的時候，他就會表現出不健康——因為被父母保護得太嚴密，所以失去了和朋友們一起遊戲的機會，時間久了以後便會不合群，內心變得孤單甚至自卑起來。

家長溺愛孩子，經常喜歡包攬他的所有事情，哪怕自己再累，也不讓孩子自己動手。之前就有過報導，說一名大學生不會自己洗衣服，穿髒的衣服會在週末打包寄回家裡讓媽媽給洗，此報導一出立即引起廣泛的討論與關注。父母的這種做法也許自認為偉大，但是卻將孩子推向了「萬劫深淵」，使他們喪失了生活自理的能力。而且，家長這樣的付出，很容易使孩子形成理所當然的感覺，認為家長為自己做什麼都是應該的，自己也沒有了上進心，看到別人會而自己不會的也不想辦法追趕，一切依賴於父母，而且到最後還不知道感恩，父母年輕時竭盡全力的付出，到了老了之後只能無可奈何的失望。

溺愛有兩種形式，一種是包辦型溺愛，在這種溺愛方式中，父母把孩子看作是自己的

「複製品」，希望孩子能夠成為自己未完成心願的一個延伸。而另一種則是放縱型溺愛，這種形式裡父母甘願當做孩子的「附庸」，聽任孩子的「指揮」，為孩子的一切做著犧牲。而無論是哪種類型的溺愛，都會毀了孩子的一生。

小孩子沒有一定的明辨是非的能力，他們往往很自戀，覺得自己就是全世界的中心。他們這種與生俱來的自戀要在二歲以後，隨著逐漸的自我探索而被打破。在孩子還沒有進入到社會之前，父母、家庭就是社會。這個「社會」給孩子怎樣的教育和價值觀會直接影響到孩子以後進入真正社會時的態度。所以，家長一定要拒絕溺愛。

重點2：溺愛使孩子不辨是非

孩子的成長是每一位家長關心的問題，說起孩子的教育來，如今也越來越成為家長們最關心的一件事情。

對於家長而言，作為孩子的第一位老師，你的一言一行都會深刻的影響著孩子的意識與今後的發展。每一個孩子剛出生的時候都是一位小天使，單純善良，活潑可愛。可是為什麼同樣是「小天使」，在長大以後卻會有著很大的差別呢？這除了孩子自己的選擇和努力之外，更重要的就是家長對於孩子的教育。家長作為孩子的第一位老師，幫助他走好人生的第一步極其的重要。

每一個孩子在成長的過程中都有自己的特點，這些特點有的明顯可見，有的卻很隱晦，需要家長細心的觀察和耐心認真的對待。並且，家長除了要關注孩子自身的特點之外，還要遵循孩子在成長過程中身心發展的一般規律，不能違背了這個規律。

家長對孩子要關心，孩子也需要全面的發展。在這個過程中，作為家長，不僅要重視孩子的身體健康以及智力的發展，更重要的是需要關心他們的思想品德的發展。一個思想品德高尚的孩子，在將來更容易適應社會的發展和需要，與人為善，自我進步的同時也能讓別人感覺到快樂。而那些思想品德發生偏差，甚至出現了扭曲的孩子，他們在今後的人生中很難說不會走上歪路歧途，從此毀了自己的人生。所以，思想品德的教育是教育中的重中之重。

在未成年人戒毒所裡總能看見各式各樣的孩子，他們正值花季，有著大好的青春年華，外表清秀明朗，如果不是在這裡，你很難想像他們竟然會沾染毒癮。

有這樣一位女孩，今年十七歲，長得非常的漂亮，和人交談時也很文靜，很有禮貌。如果是單純的聊天，你怎麼也不會想到她已經吸毒有將近兩年的時間了，來戒毒所也已經有八個多月了。她的母親是一名醫生，父親在銀行工作，有一個哥哥和姐姐，她是全家中

最小的一個。由於哥哥姐姐都已經成家立業，而父母的工作又很穩定，收入也比較高，所以家境還是很好的。

可是，正是由於這樣，哥哥姐姐很疼她這個小妹，爸爸媽媽平時對她也是有求必應，言聽計從，幾乎滿足她任何要求，慢慢的，她變得任性起來，聽不進別人的話，自己想做什麼就做什麼，有時候由於意見不合還會與家人發生爭吵而離家出走。就這樣，還沒有成年的她分不清是非善惡，在離家出走後投入了壞人的陷阱，沾染上了毒癮，身體狀況和精神狀況慢慢的消沉下去，變得萎靡不振起來。等到父母找到她的時候，她已經染上了毒癮，沒有辦法，父母只能將她送進了戒毒所。內心也十分的悔恨。

如今這位女孩已經把毒癮戒除掉了，但是她覺得自己很無辜，有的時候很不願意和父母交談，只是自己待在房間裡，哪裡也不去。

家庭生活富足，孩子受到的關愛太多，在孩子年幼的心裡，很容易滋生任性妄為的種子。一旦這粒種子生了根，發了芽，就很難再扭正過來了。任性妄為，自己想到什麼就是什麼，想做什麼就做什麼，別人的意見和建議絲毫聽不進去，這樣就很容易使他們辨不清是非，認不清好壞。怎麼自由怎麼來，怎麼舒服怎麼做。如果再遇到一兩個壞人在一旁教唆，便很容易走歪路，甚至犯罪。

重點3：溺愛使孩子內心無愛

如今的獨生子女，在出生那天便吸引來了全家人的目光，孩子哭一聲，甚至能出現媽媽過來抱，爸爸拿玩具哄，爺爺奶奶過來一起逗孩子的場面。有的時候甚至能用「壯觀」來形容那種場面。

如果要畫一幅圖的話，那麼孩子一定是在最中間的，圍繞他一圈的則是各個長輩，然後長輩與孩子之間用一個箭頭連接，上面代表的則是每個長輩對孩子溺愛的方式。孩子就這樣，每天被這些溺愛包圍著。時間一長，孩子便只懂得享受愛而不知道付出愛了，那些「箭頭」也是從始至終都指向了孩子，而孩子並沒有從自己的方向向著別人「發射」一個。慢慢的，孩子的內心便沒有愛了。

之前有過這樣的一個故事，說的是一個五歲的小女孩，平時受到了來自爸爸媽媽、爺爺奶奶、外公外婆多方面的關愛。自己就像是一個「小公主」一般，茶來伸手，飯來張口，總有玩不玩的玩具和穿不完的漂亮的衣服。而且這些還只是在平時，要是再趕上她生個病，在床上待一兩天，家長們的表現更是誇張：給孩子買吃不完的零食，再給她買幾件玩具，要是孩子還有什麼別的要求，也是有求必應，從不拒絕。

後來有一天，最疼愛她的奶奶住院生病了，一住就是半個月。可是這個小女孩在這個

期間不僅沒有去醫院裡看看奶奶，甚至連個電話都沒有打一個問候一下。奶奶有時候在醫院裡待得寂寞了，想自己的孫女了，就會給她打個電話，可是沒有說幾句，孩子就說「奶奶我要出去玩啦，先掛啦。」然後還沒等奶奶回覆，電話那端早就沒了聲音。

還有一個故事，說的是孩子很喜歡吃魚，每一次吃魚的時候媽媽都會把最好的肉給孩子吃，並且把魚刺都清理乾淨，而自己則吃魚頭。孩子問媽媽，「媽媽，你為什麼不吃魚肉呢？」這位媽媽的回答是「媽媽喜歡吃魚頭。」後來，孩子長大了，等到再吃魚的時候，他就會把魚頭夾給媽媽，說：「媽媽，給你，你愛吃的魚頭。」

這兩個故事說的都是孩子心裡沒有愛的事情。第一個故事中的孩子因為從小受到的關愛太多，導致不知道感恩，不知道父母長輩也需要自己去愛。而第二個故事中的孩子雖然看起來是在心疼媽媽，懂得感恩，但是這真的是媽媽想要的感恩嗎？這個感恩的過程中是不是還含有更多的諷刺與辛酸無力的成分呢？

通常來講，一個人想要愛別人，就要首先與別人建立一種關係，然後在這種關係的相處與發展中去體會、產生、付出愛，這是一個過程。對於家長和孩子來說，命定的親屬關係，不用額外去建立。但是這種長輩與晚輩之間的關係，卻使得很多孩子，尤其是獨生子女的情感變得很冷漠，對別人的愛有要不完的貪婪，對自己給別人的愛卻沒有一絲的反省。只知道計算別人給了自己多少，誰誰比誰誰給自己的多，誰誰比誰誰給自己的好。

一個幸福的孩子，並不是看他得到了多少來自於外界的關愛，而是除此之外，他也有愛別人的能力，知道把得到的愛回饋給別人。當他覺得在愛裡，付出比回報還要快樂和幸福的時候，他就真正的長大了，成為了家長們真正希望看到的那個樣子。

人的一生，其實可以看作是不斷的接受來自家庭、朋友、社會的各個方面的愛，並且還能將這種愛傳遞給別人的一種過程。這個過程應該是幸福和快樂的。

重點 4：溺愛使孩子能力低下

應該說每一位家長都希望自己的孩子能夠具有比較強的能力，無論是學習能力、工作能力，還是做事情時的能力。孩子的能力強，父母就會少操心，孩子將來在社會上生活得才會更加適應和幸福快樂。

但是現在的好多家長對孩子的教育都太過溺愛，這裡也管，那裡也管，處處操心，捨不得讓孩子親自動手，恨不得所有的苦都自己吃了，所有的罪都自己受了。家長看似是為了孩子好，比如為了孩子的學業成績能夠提高，所以便不讓孩子幫忙做家事，不用做與學習無關的事情。家長其實不知道，這種做法看上去是在保護孩子，也許也能夠讓他們的學

業成績提高很大一個台階，但是卻在不知不覺中使孩子的其他能力退化了，有了學習能力，卻沒有了生活能力，當家長們再想起來的時候，也已經為時晚矣。

曾經有一對老夫妻，他們在五十多歲的時候才生了一個孩子，老來得子，十分的高興。於是他們兩個人就像捧著一個夜明珠怕它掉在地上摔碎了一樣的精心呵護照顧著這個孩子。孩子從小不用自己整理房間，沒做過家事，不用他做飯，出門時父母也是能陪著他就陪著他，擔心他迷路找不到回家的路。就這樣，孩子長到了二十五歲的時候，完全沒有獨立生活的能力，誇張一點說的話就是「除了吃飯和上廁所親力親為以外，別的什麼事情都需要別人的幫助。」這麼說可能會誇大，但是他確實是沒有基本的自理及生存能力。這對老夫妻太愛這個孩子了，所以就事事不讓他動手，最終導致了他能力低下，而應該有的一些本能也因為太久沒有使用而消失了。

這個故事可能有些太過偏激，畢竟生活中這樣的案例太少，不過這並不代表沒有，只是有的表現得不夠明顯。家長們各方各面都把孩子照顧到了，可是當孩子需要自己獨立成長的時候卻發現原來自己有那麼多的能力都不會，有那麼多的東西要學，而這些完全可以在過去的日子裡摸索學習和鍛鍊的。應該說，家長的這種過度的照顧是孩子能力變得低下的最重要的一個原因。

有專家認為，父母對孩子的溺愛就像對寵物的愛一樣，兩者有著很相似的地方。這種愛可以理解為是一種父性或者母性的本能。這種本能使孩子輕而易舉的擁有了很多的東西，他們不需要努力，不需要有自己的看法，不需要對事情做出選擇，因為所有的這些事情父母都幫他搞定了，他所要做的就是坐享其成。事後父母會發現，他們的這種做法對孩子的成長達不到絲毫的幫助和作用，反倒是害了孩子。

那麼如何在生活中避免這種情況的發生呢？可以從這幾個方面入手。第一，對孩子有的祈求要懂得回絕。比如有的孩子吃飯睡覺時都要邊哄邊求，父母越這樣做，孩子越「來勁」。第二，給孩子適當的空間，不要剝奪了他的獨立。有的家長為了孩子的安全，不讓他們自己出門，不讓他們和朋友們玩樂，長此以往，孩子的依賴心理就會增強，自信心會下降，嚴重時會形成性格缺陷。第三，不要什麼事情都包辦。有的家長總是說：「孩子疼還來不及呢，怎麼捨得讓他做那些家事。」正是由於這種心理，使得孩子少了很多鍛鍊成長的機會。第四，不要輕易滿足孩子的要求。有些孩子要什麼家長就給什麼，他們沒有讓孩子明白有些事情是要靠自己去爭取的，父母並不能時時刻刻都幫你。第五，不要做當面的袒護。生活中經常發生這樣的事情，當孩子有了錯誤以後，爸爸嚴厲的管教孩子，媽媽則站出來說：「他還小呢，這點小事，沒關係啦，長大了就好了。」這樣的孩子在「保護傘」下

成長，會變得有恃無恐，並且是非觀念會很模糊，犯了錯誤總覺得會有人出來幫他整理殘局，嚴重時會毀掉自己的一生。

重點5：溺愛使孩子好吃懶做

常言道：「慣子如殺子」。父母太過嬌慣孩子，總是滿足他們的任性的要求的話，他們便會逐漸的懶散墮落下去。變得好吃懶做、自私自利。

如今的家庭，大都只有一個孩子，父母總會有意無意的遷就孩子，要什麼給什麼。並且由於沒有兄弟姐妹和他進行爭搶，沒了這種制約，孩子便比較容易養成任性虛榮、驕傲自私、好吃懶做的性格。

家長給孩子「做牛做馬」，為他們保駕護航，孩子的心智便不能自由的進行發展。有無數的事實證明，不管是財富上的滿足還是物質上的富裕，都比不上孩子身心健康更加的重要。對家長而言，其實一個身心健康的孩子要比任何更多的財富還要寶貴。

亮亮的家庭條件還算可以，爺爺奶奶退休在家，爸爸媽媽的薪資也不低，他從小就被全家人包圍著，寵愛著，需要什麼家裡就給買什麼。現在他已經讀國中了，仍然習慣向家裡要這要那，都是一些和學習無關的東西。而父母仍然是對他有求必應，只要他提出要求，父母就會盡量的滿足他。

由於家庭條件可以，所以他平時不愛吃的食物，或者沒有吃完而不想吃的食物都是說扔就扔，他自己從來就不覺得那是件錯誤的事情。而且爸爸媽媽也從來沒有因為那樣而責怪過他。久而久之，他就覺得這些都是理所當然的，自己做什麼都沒有關係。有的時候一個不順心就會對著爸爸媽媽大喊大叫，事後也沒有道歉。他根本體會不到爸爸媽媽工作的辛苦，也沒有想過自己的所吃所用都是父母辛苦賺來的。在平時的時候，爸爸媽媽並不要求他自己洗衣服，更別說讓他做掃地或者整理房間這樣的家事了。逐漸的，亮亮就養成了好吃懶做的壞習慣。

孩子的習慣都是在一點一滴的日常生活中養成的。由於家長對孩子過度的溺愛，什麼事情都不讓他自己學著處理，所以孩子才會逐漸的形成這樣那樣的習慣，有的嬌氣，有的好吃懶做，有些習慣都是不好的「壞毛病」，但是在家長的眼中，自己的孩子什麼都好，他們看不出有什麼缺點，仍然是一如既往的嬌慣著孩子，這樣的話，當孩子長大以後，很難在社會中真正的站住腳，和人很好的相處。

「家裡就這麼一個孩子，他要什麼我就給他什麼，遷就就遷就了吧。」這是平時很多的家長在談及孩子的教育事情的時候說的話。孩子就這麼一個，是無價之寶。有的家長恨不

得時時刻刻守護著自己的孩子，還真是「捧在手裡怕碎了，含在嘴裡怕化了。」

家長坐飛機去給自己上大學的孩子送一碗混沌，大學生不會洗衣服，週末的時候集體打包寄回家中讓母親給洗。現如今這樣的新聞比比皆是。雖然不能夠否認的是，父母與孩子之間的這種親情關係是建立在「愛」的基礎上的，但是這個「愛」也要有個尺度，「養不教，父之過」，家長對孩子百般遷就的愛是溺愛，並不是真正的愛。

重點6：溺愛使孩子厭惡學習

家長過度的溺愛孩子，會導致孩子很多的能力得不到鍛鍊和發展，家長什麼事情都包辦，就會使孩子的能力變得越來越弱。如果這樣的孩子投入到學習中或者生活裡，就會遇到這樣或者那樣的困難和問題。就拿學習來說，孩子在學習上遇到了問題，因為平時與老師或者同學缺少溝通，也沒有掌握很好的學習方法，所以就會處處碰壁，在學習的每個環節裡都遭受挫折，時間一長，他便會不喜歡學習，甚至開始厭惡學習，越厭惡越不想學，成績下滑，最終輟學。這樣的例子在現實生活中並不是沒有發生過，家長們應該引起注意。

小遠今年讀國三了，平時的學業成績一般，由於比較貪玩，成績一直沒有起色。爸爸媽媽平時總是在物質上滿足他，他想要什麼就給他買什麼。和一般的家長不太一樣的是，別人的家長總是在考試以前和孩子許諾，考好了有怎樣的獎勵。而小遠的父母則相反，他們在小遠成績差的時候也會給他買禮物，因為他們不希望自己的孩子因為成績差而不高興。由於在學習上他們兩個人也幫不上忙，所以只是給予他物質上的滿足。

今天一家人吃晚餐的時候，小遠說功課太難了，而且還這麼枯燥乏味，爸爸媽媽說，多努努力，問問同學，向他們學習一下。小遠含糊其辭的點了點頭，然後繼續吃飯了。

第二天到了班上，小遠想起了昨天爸爸媽媽的話，覺得可以試一下。可是他平時都不怎麼和那些功課好的同學交往，不知道怎麼開口，而且還覺得自己開口問這件事情很沒有面子。於是他就把之前的事情忘了，對待功課也是聽之任之，不再想透過什麼方法來提高成績了。慢慢的，成績沒有提高，他也越來越厭惡課業了，開始每天上課的時候睡覺，整天昏昏沉沉的，就這樣，成績一路下滑，最後也沒有考上理想的高中。

生活中這樣的孩子不在少數，他們的家庭條件比較富裕，家長們對其疼愛有加，家長們很少過問孩子的學業成績，覺得自己可以幫助孩子很多，就算他退了學，自己也能夠給他找一個工作。其實這種想法是極其錯誤的。孩子學習是他們的天職，父母應該鼓勵自己的孩子在學習上取得成績。並且盡自己最大的努力去幫助他們，而不應該是一種無所謂的態度。

當孩子的學業成績下降時，同時會伴隨著很多情況的出現。他們本應該飽滿的學習動力卻被家長們的溺愛所包圍和限制了。作為家長，平時要給予孩子正確的關心和愛護，尤其是在學習上要給出正確的指導。

現在有好多的家長和自己的孩子缺乏溝通，不能及時的了解他們的思想動態。也有家長陷入了盲點：有的是對孩子太過於溺愛，而有的則是忽略了孩子的家庭教育。在如今這種獨生子女的大背景下，父母對孩子的疼愛與呵護太過，使得孩子逐漸的養成了任性的習慣，父母沒有辦法與他進行溝通，只能夠任著他的性子來。還有一種情況也很常見，由於社會壓力大，節奏快，有很多的父母都忙於工作，根本沒有時間管孩子的學習上的事情，所以就把孩子的學習完全寄託給了學校，甚至覺得花錢給孩子上名校以後就萬事大吉，其實並不是這樣。

其實家長們要認識到，孩子的教育並不是一個簡單的問題，有家庭因素、學校因素和社會因素等多個方面。父母給孩子的教育是第一關，必不可少，也最為重要。所以家長在平時不要只是對孩子進行說教，而是要進行平等的交流和溝通。這樣才有利於孩子健康、全方面的發展。

重點7：溺愛使孩子自私自利

如今好多的父母都把握不好疼愛孩子的尺度，稍不留神就會超過了限度，溺愛孩子，使孩子失去了應該具有的良好的品德，變得自私自利。

爺爺奶奶往往對自己的孫子孫女喜歡的不得了。有時候就為了讓孩子吃一點好吃的，就不惜排很長的隊伍，跑很遠的路程，來給孩子送吃的，而且還會特地跟他說：「這是我專門為你買的。」時間一長，孩子便會以自我為中心，凡事都只是想到自己，不為別人著想。就是由於家人的這種溺愛，使孩子只知道享受愛而不懂得奉獻愛。這種只知索取不懂奉獻的態度會讓他們最終變得自私自利，冷酷無情。

孩子的那種自我意識是在家長的一點一滴的呵護與放縱之下慢慢的增強與放大的。他們要吃最好的，要穿最好的，也要玩最好的。在家中，他就是中心，他的情緒和要求決定了家裡的「陰晴變化」。如果家長對他的要求不給予滿足，他就會毫不客氣的大發脾氣，而家長一看這位「小祖宗」鬧了情緒，便會想著辦法的哄他開心。這個時候也不會理睬他的要求是不是合理了，都會聽他的。因為家裡就這麼一個孩子，比寶貝還要寶貝。就這樣，滋養了孩子自私自利的心理，使他的成長之路變得不健全。

在孩子小的時候，家長們往往希望自己能夠幫助孩子排除所有的困難，為他保駕護

航。但是以後呢？家長總不能陪伴孩子一輩子吧。家長們有沒有想過，當以後的某一天，自己對孩子也愛莫能助的時候，孩子要怎麼生活呢？

想要孩子擺脫自私自利這種不健康的心理，家長就要注意到以下幾點。

第一，要以身作則。孩子的觀察能力和模仿能力很強，如果家長做的不好，很難保證孩子不沾染父母一丁點的習慣。有的家長對自己的父母不好，被孩子看到後，孩子說：「以後我也這樣對你們。」這個時候家長才恍然明白，原來自己的一言一行對孩子的影響這麼大。所以，要想孩子表現得好，首先自己就要以身作則。

第二，對孩子的要求不要無條件的滿足。在家中，孩子是需要受教育的對象，所以家長在滿足孩子需要的時候，一定要根據實際的情況，合理適當的滿足他們。想要改正孩子自私自利的心理，家長們就要適當的滿足孩子的合理要求，讓他們明白什麼可以要，什麼要透過自己的努力去爭取。

第三，欲望是產生自私心理的一個重要原因。在教育孩子的過程中，家長一定不要把孩子放在一個只知道享受而不知道付出的特殊的地位來看待。這種看法會使孩子養成不勞而獲的心理。家長要讓孩子知道，想要滿足欲望，就要付出一定的勞動和努力，沒有什麼事情是輕而易舉就得到的。家長可以培養孩子熱愛勞動的習慣，讓他們明白，勞動也是很快樂和幸福的。並且，在幫助家長減輕負擔的同時，還可以讓他們體會到生活的不容易。只有這樣，他們才會明白要想實現欲望，就要付出努力的道理，從而擺脫掉自私自利的心理。

第四，多讓孩子參加團體活動。人是一種群居性的動物，需要在群體裡實現自己的價值，得到認可與滿足。只有學會了幫助他人、關心他人，才能夠徹底擺脫掉自私自利這種不好的習慣，成為一個懂得為他人著想的人。

孩子是家中的寶貝，是父母的希望。所以父母一定要肩負起教育他們的責任，給他們灌輸正確的人生觀和價值觀。不要讓他們在自己的眼中做「寵兒」，而是要讓他們真正成為社會的「寵兒」。

重點8：溺愛使孩子懦弱無能

現代的很多教育專家認為，家長如果總是溺愛孩子，不讓孩子做一點事情，什麼都要幫著他護著他的話，會使孩子變得軟弱無能。

一些家長在給孩子幫助的時候，總會告訴他們一句話：「我這麼做全是為了你，想要你好，因為對你不放心。」如果孩子長期接受這樣的觀點的話，那麼可以說對他的成長沒

有一點好處。相反，家長給孩子灌輸的這種觀念會使孩子的自我價值觀變得越來越薄弱，這樣的話他就不能夠透過自己解決問題而在其中學會堅強。由於父母會為他們披荊斬棘，解決了他們成長上一切妨礙他們成功的障礙，這樣孩子就不能夠體會到什麼是困難，什麼是挫折，更別提在挫折中成長了，所以最終，他們承受挫折的能力會非常弱，導致自己軟弱無能。

媛媛是家長老師眼中的乖寶寶，平時很聽話，說話細聲細語的，所以大家都很喜歡她。但是她有一個小缺點，就是膽子太小，有時候說話都不敢正眼看著別人，要是別人大聲的對著她吼一句，她便立刻哭出來。

她的爸爸媽媽知道孩子膽子小，所以一直以來都對她呵護有加，也盡自己可能的幫她解決困難，不讓她做家事，不讓她做這個做那個。媛媛慢慢的也開始形成了「小鳥」的姿態，渴望被人包圍守護者，她不願意飛出那個能夠讓她安全，但是卻沒有更多自由的籠子。

以往放學的時候，都是爸爸或者媽媽來接她回家，而且一定要手牽著手。這一天，爸爸媽媽因為都沒有空所以沒有來接她，她感覺有點受委屈，而且她也不敢自己走回家，所以就在學校的門口哭了起來。最後被老師看到了，知道了情況，才把她送回了家。

孩子被家長保護得太嚴密了，保護得「密不透風」，這樣孩子遇到事情就會沒有主見，也沒有勇氣去自己嘗試一下新鮮的事物，一切寄望於父母，沒了嘗試，不敢面對挫折，長此以往，就會變得軟弱無能。

我們說一個家庭要民主，要和諧，這才是一個健康穩定的家庭。獨生子女在成長的過程中必定要受到家長的保護，但是家長也不應該毫無保留與選擇的去付出，也要偶爾對孩子說一聲：「不。」一個沒有經歷過苦痛挫折的人怎麼可能會體驗到什麼才是真正的幸福呢？

孩子是站在一個接受教育的地位上的，孩子的教育是一個快樂中透著嚴肅的事情。家長有時候要張開自己的臂彎放孩子在廣袤的天地間去翻騰幾下，有意識的培養他們的自尊心和自信心。在給它們保護的同時也要給他們合理的意見，讓他們獨有的個性得到合適的釋放，讓他們逐漸的意識到，和挫折正面交鋒，在「對打」的過程中完全可以享受到快樂。「一個真正的勇士，要敢於面對慘澹的人生，敢於正視淋漓的鮮血。」潛移默化中培養孩子「Trouble is a friend」（困難是一個朋友）的思想。這種樂觀向上的思想培育出來了，他就會變得更加的積極，甚至願意掙脫父母的懷抱去自己感受一下這個多彩的世界，就算遭受了挫折，也會一笑而過。那個時候，軟弱無能將不再是他們的代名詞，堅強勇敢才是他們的新定義。

家長們，張開你的懷抱，給孩子一個機會，讓他在大千世界裡盡情的飛翔吧！

重點9：溺愛使孩子驕橫跋扈

現在的有些孩子，因為是獨生子女，所以往往會有點「太陽」的感覺：在家中所有的人都圍著自己轉，自己說什麼家長就得滿足自己什麼，儼然一個「小皇帝」，而且家長為了能夠讓孩子開心，很多時候也是樂此不疲。

最近幾十年多了幾個新鮮的名詞，比如「官二代」、「富二代」、「富三代」等。這些孩子從小就是含著「金湯匙」長大的，家庭條件很優越，父母在社會上也有一定的地位。因為是獨生子，所有的關愛和好處都會給他。孩子從小的生活很富足，基本上沒有吃過什麼苦。而且因為父母的關係，很可能會形成藐視一切的態度，覺得自己很了不起，就算是犯了什麼錯誤，也會有父母在後面撐著，所以這些孩子長大以後很有可能會養成驕橫跋扈的處世態度，讓人們感到厭惡和反感。

未成年人犯罪的比例有逐年成長的趨勢，這些未成年人中除了很早就輟學，沒有正經事情可做的之外，有一些未成年經常大把大把的花錢，出門的時候還會開著跑車，也會經常出入酒吧等娛樂場所。這些年輕人的家庭條件比較富裕，父母有錢，他們像父母提出這樣那樣的要求時，父母也會盡量的滿足。雖然是貴族學校就讀，但是並沒有認真的學習文化知識，而是結交了同樣一批和自己「志同道合」的朋友，整日鬼混，由於年輕氣盛，再加上家庭背景的原因，就會惹出一些事情來。開跑車撞人、打人，當員警來處理事情的時候，還會理直氣壯的和員警說一句：「你知道我爸爸是誰嗎？」態度囂張至極，也顯得很無知。這些孩子對法律知之甚少，有的甚至連最起碼的道德底線都沒有，腦子一熱，做出了強姦這樣犯罪的事情來。不得不說，這都是父母溺愛的結果。孩子雖然還沒有成年，但是最起碼的法律知識要懂一些，做人的標準和底線最起碼要有，父母只知道嬌慣著孩子，出了什麼事情都親自出來道歉，整理殘局。要知道，有的事情道歉是可以解決的，而有的事情則是根本沒有轉圜的餘地的。法律面前，人人平等。

現實中的案例一次次的告訴我們，對孩子溺愛便是對他們傷害，溺愛的程度淺，他們會滋養出這樣那樣的壞習慣，如果溺愛的程度深，便會使孩子不辨是非，最終走上犯罪的道路。所以家長們一定要引起注意，給孩子正確的指導和教育，防止他們走錯路。

重點10：溺愛使孩子缺乏主見

有的家長對孩子「唯命是從」，什麼事情都包辦。時間長了就會使孩子失去了主觀能

動性，做事情之前不自己進行思考，缺乏主見。有的家長不僅在家中不讓孩子做家事，甚至因為疼孩子，還親自跑到學校去幫助他做衛生，家長也並不覺得自己的這種做法有什麼不妥。

家長們時時幫、處處幫，有的事情雖然很小，但是會在潛移默化中讓孩子形成任何事情都問父母意見，不自己拿主意的習慣，有的孩子甚至直接把問題交給父母處理了，自己輕鬆的站在了一邊。在孩子很小的時候有些家長這樣做也可以理解，但是隨著孩子的長大，家長就應該放開一點了，讓孩子自己做決定，並且學著讓他為自己做過的決定負責任。不然的話，家長一直給孩子做決定，等到孩子長大以後走向社會，就會形成一種觀點，認為身邊的人對自己好、給自己幫助是應該的，這會讓他們很難與別人進行交往。並且，由於孩子被照顧慣了，等到必須要自己面臨一些問題的時候就會顯得孤立無助，甚至非常的脆弱。

靜靜讀四年級了，平時很聽話，有什麼問題都去問過媽媽之後才去做，比如今天要穿什麼樣的衣服，手指甲塗什麼顏色的好看，頭髮是紮辮子還是披散開來，一些比較喜歡的課外書要不要買等等，幾乎所有的選擇都要問過媽媽之後她才知道應該如何是好。

有一次上課的時候，老師說同學們不應該只學習課本上的知識，平時週末的時候也可以多參加一些課外活動，或者報一些才藝班之類的，這樣對自身的發展有很大的好處，而且將來也能夠為升學達到一定的幫助。靜靜沒了主意，回家去和媽媽商量。媽媽說報才藝班這件事要看你自己的興趣呀，你喜歡什麼？靜靜搖搖頭說：「我也不知道，什麼都行，也沒什麼特別喜歡的。」她糾結了起來。媽媽說：「不然這樣吧，學音樂還是學舞蹈？」靜靜眨了眨眼睛說：「我也不知道，你說吧，哪樣都可以。」就這樣，媽媽幫她做了選擇，決定讓她學習音樂，幫她報了一個鋼琴班。剛開始的前幾週靜靜還學得下去，但是到了以後，因為受不了久坐和練習的辛苦，靜靜便不想再去了。

一些家長發現，孩子在和別的小朋友一起玩樂的時候，總是跟在別的小朋友的後面，別人說做什麼他便跟著做什麼，就像一個小「跟屁蟲」一樣，完全沒有自己的想法。所以有的家長就為孩子的這種行為擔心。

對於孩子的這種表現，家長一定不要表現出厭惡或者謾罵，也不要和孩子說諸如「你真沒出息」這樣的話，而是應該一點一點的引導孩子，幫助他們樹立起自信心，培養他們的競爭意識，鼓勵他們融入到團體生活中去，並且要及時的、大膽的說出自己的想法和意見。在家裡時，孩子自己的事情讓他自己完成，遇到實在解決不了的問題再來求助家長。切忌任何事情都包辦代替，增強孩子的自我動手能力。而且，還可以讓孩子在平時多參加一些

競賽類的活動，讓他透過比賽來認清自己，明白自己的目標和方向是什麼。

家庭是一個孩子成長過程中最重要的一個場所和環節。一個輕鬆溫馨的家庭氛圍對孩子的成長是相當重要的。家長應該做到既不過度的寵愛，也不能嚴厲的苛責或者不聞不問，而是要與孩子做朋友，平時多和孩子接觸、交流，了解他們的想法，並且給與一定合理的幫助。只要家長不溺愛，肯用心，就能讓缺乏主見的孩子變得有想法起來。

第二章　走進孩子的內心世界

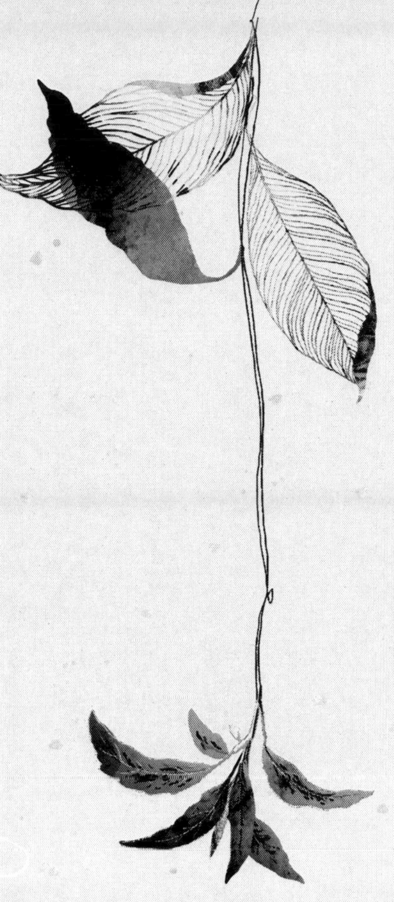

重點11：男女本有別，教導應有異

當孩子慢慢的有了一定的「性別意識」之後，他們各自的天性也會凸顯出來。例如，在語言表達這方面，男孩的語言能力要比女孩發育晚。一般來說，女孩長到一歲左右的時候，就可以說出一些單字和複詞；但許多男孩這個時候只能夠說單字。究其原因，是因為男孩的語言中樞神經發育的比較慢，所以在一至二歲的時候，能夠說二十個左右的單字就可以了。要知道，偉大的科學家愛因斯坦在四歲的時候才會說話，所以如果自己的孩子說話比較晚，或者進步沒有那麼快的時候，不要急，要耐心的陪著孩子多聊天，開發他們的語言能力。如果孩子並沒有太多反應，父母也可以跟他用動作來表達。

重點12：正確看待與孩子的關係

孩子是家長的心頭肉，是一個家庭的希望。家長總是盡自己最大可能的去愛孩子，而孩子也希望能夠得到家長以及親屬的重視和肯定，尤其是他最為親近的人的肯定。要知道，家長對孩子給予平等、理智、正確的肯定與重視往往能夠讓孩子培養出自信心與責任心來。同時這種重視，也能夠使家長與孩子除了血緣之間的這種親情關係之外，還能夠在精神上交流的更加緊密與融洽。作為家長，正確看待和孩子之間的關係，是和孩子能夠順利交流的一項重要的基礎。

孩子也有自己的世界，他的朋友和同學組成了他家庭生活之外的一個圈子。作為家長，要如何看待孩子的朋友呢？一些家長鼓勵孩子交朋友，這樣有利於讓孩子培養自己的人際關係，能夠讓他的生活不至於太單調乏味，多個朋友多條路，遇到一些事情的時候也可以有個交心的朋友進行傾訴。但是有的家長則不太持贊成的態度，尤其是孩子帶著他的小朋友們來家裡玩的時候。家長會擔心孩子把朋友帶來家裡會使他太過於貪玩，而且也會使家裡變得亂七八糟的。所以家長便不是很歡迎，有的時候態度比較生硬，有的時候甚至還會找一個理由把他們攆走。家長們這樣做，無疑會使孩子感覺到委屈和「沒面子」，也許孩子還會想，父母才是家的主宰，自己在家裡一點地位也沒有。所以，家長對於孩子的朋友要尊重和理解。當家長和孩子的朋友真誠的交談時，孩子才會感覺到父母的態度，感覺到自己生活在這個家中是一件十分幸福的事情。不僅家長保留了原有的尊嚴和身分，孩子也會增添榮耀感和幸福感。

在平時的時候，家長應該多支持孩子參加團體活動，不要總悶在家裡，走出屋子，和朋友們一起做遊戲。要知道，團體活動不僅可以使孩子動手動腦的能力得到提高，還可以

在這個過程中增強團體觀念，使他的責任心和自信心得到鍛鍊和磨礪。

在團體活動中，每一個孩子都會扮演一個角色或者承擔一個任務，團體活動給了他這樣的任務和角色，他就要想方法去完成。在完成的過程中，孩子能夠體會到自己的價值，這也是一個他認識自我的很好的方式。

作為家長，當和孩子談話的時候，一定要認真傾聽，認真答覆。不能夠因為他是孩子，就覺得他提出的問題沒什麼大不了的，而敷衍了事。要知道，孩子雖然小，但是他也有思想，有自己的觀點。孩子肯和家長傾訴，就代表著他相信你，願意聽取你的意見，來解答他遇到的困難。所以當孩子和家長傾訴的時候，家長一定要耐心傾聽，並且要表現出很願意聽孩子講這件事情。家長不妨想一想，當孩子滿心歡喜的將自己遇到的一件有趣的事情和你來分享的時候，你卻表現出愛理不理或者敷衍了事的態度的時候，孩子得多傷心，可能以後再有什麼事情的時候也不會和你分享了。所以家長一定要學會傾聽孩子的話。

而當孩子犯了錯誤的時候，家長也不要上來就審問或者責罵，要先了解事情的經過。因為孩子的成長是一個漫長的過程，在他們由幼稚走向成熟的時候，難免會犯這樣那樣的錯誤。孩子的認知能力以及判斷能力在沒有健全的時候，偶爾犯一兩個小錯誤也是正常的。作為家長，要考慮的是，如何在糾正孩子錯誤的同時確保他的自尊心不受到傷害，而且還能夠提高他的認知能力以及辨別是非的能力。以往的「不打不成器」的教育方式太落後也太不正確了，家長只有讓孩子自己認識到錯誤的原因，才是最正確的教育方法。家長可以先和孩子分析他錯在了哪裡，與此同時讓他感受到家長對於他的關心以及希望，把之前的錯誤換做今後的營養，幫助他不犯錯誤的同時贏取更大的成功。

重點13：心貼心，跨越年齡的鴻溝

社會在飛速的發展，新鮮事物層出不窮。和家長相比，孩子對新事物的接受能力要快得多、強的多。在孩子上幼兒園和小學的時候，家長往往還能夠和孩子進行順暢的交流，知道他今天學了什麼，學校裡發生了什麼新鮮事，知道他的興趣愛好，愛聽誰的歌，愛做什麼遊戲等。可是到了孩子上國中的時候，孩子的功課繁重，沒有過多的時間和家長進行交流，這就會造成親子之間產生代溝。再加上孩子正值青春期，要求獨立的欲望越來越強烈，很可能會將這種代溝拉的更大，更深，從而使孩子和父母之間的交流變得困難起來。

那麼，要如何解決孩子與父母之間的代溝呢？

首先，家長要告別傳統的教育方式。如今有好多的家長還保留著自己的父母當初教育自己時的那一套方法：以高壓政策為主，只要稍不滿意就會體罰孩子。有的家長對孩子

的要求太過嚴格，造成了他們出現叛逆心理，對家長的做法很憎恨；有的家長太過溺愛孩子，沒有給孩子太多自由的生長空間，使他們雖然外表看起來很堅強，但是內心很脆弱，經不起打擊；有的家長對孩子的行為太過放縱，使得孩子太不「規矩」。種種不正確的教育方式，使得家長與孩子間拉開了距離，變得沒有辦法溝通。正確的方式應該是做到家庭民主，尊重孩子的意願但不放縱，及時溝通，合理解決，從而架起和孩子之間溝通的橋梁。

然後，家長要緊跟時代，不斷的學習。家長多抽出一些時間來和孩子聊天，這個出發點是好的，可是為什麼有的家長與孩子談不到一塊去呢？沒說兩句就不歡而散，這樣的次數多了就會使孩子不願再與家長進行交談。出現這種情況的原因，主要是由於家長找不到合適的話題，談的都是孩子不感興趣的話題。

父母和孩子之間有衝突，這是代溝的表現，也是彼此之間價值觀的衝突的表現。孩子喜歡一樣東西或事物時，如果家長認為這有違傳統，就會提出反對，而孩子覺得並沒有什麼不妥時，這樣就會出現價值觀的碰撞。當價值觀碰撞時，僅透過對話交流是不能夠從根本上解決問題的。價值觀並不是一種一成不變的東西，它會隨著社會的發展而時刻發生著改變。孩子有自己的一套價值觀，父母幾十年來形成的舊的價值觀念又很難去改變，所以當家長和孩子進行交流的時候，孩子便很難聽進去。要想改變這種情況，就需要家長不斷的去學習，了解新鮮的事物，只有跟上社會的發展，才能夠和孩子交流的更加順暢。

最後，要讓孩子體會到幸福感。照顧孩子這是每一位家長都應該盡得責任與義務。家長經常與孩子親近，多溝通，考慮他的感受，與他一起解決困難，完成目標等，這些都會使孩子感受到父母給的關愛，從中體會到幸福的感覺。

孩子如今面臨的壓力也比較大，作為家長，應該多了解，多關心。給孩子一個正確的引導。告訴他們，學業成績的好壞並不能評判一個人成功與否，成功本就是一個多方面，沒有標準的事情。孩子應該放下過多的包袱，投入到學習的樂趣中去，從中尋找到幸福感。

只要父母和孩子心貼心，多給孩子關愛和理解，就能夠將年齡這道鴻溝跨過去，讓它不再成為與孩子交流上的一個障礙。

重點14：給孩子進行生死教育，讓他活得透澈

孩子在小的時候，沒有很明確的是非觀念，人生觀、價值觀、世界觀等都沒有建立起來，所以在一些事情上就會表現出幼稚的想法，在家長看來，孩子的做法顯得很無知，尤其是對於「生死」沒有一個清楚的認識。特別是青春期的女孩，心理承受能力不強，遇到一些事情就會尋死覓活。總能在報紙上、新聞上看到這樣的新聞：某某中學的女生因為失戀

而自殺身亡，年僅十七歲。當看到這樣的新聞時，可能大部分的人都會說「這孩子真傻」，然後陷入惋惜之中。並且聯想到自己的孩子，發誓要好好的教育她，培養她健康的成長。

當孩子小的時候，在和父母吵架賭氣時可能會說：「別管我，讓我去死。」「你們再煩我，我就死給你們看。」之類的話。這種情況雖然是氣話，但是家長也應該注意，注意自己和孩子的交流方法，注意孩子的愛好、習慣等。要是孩子已經到了十八、十九歲的年紀，卻仍然愛把「死」字掛在嘴邊的話，動不動就以死威脅，那麼就說明，她對自己的生命價值並沒有一個清晰正確的認識，這種情況下，家長就應該好好的和孩子聊一聊價值觀的事情了。

孩子在小的時候總會提出千奇百怪的問題來，有的時候問題會超過他們這個年齡層，當那個時候，家長也並不需要太過驚訝，孩子只是好奇罷了。倒不妨利用好機會，和孩子講一些觀點，讓他們更明白些，從而遠離無知。

有一天，上幼兒園的女兒歪著小腦袋，眨著眼睛問媽媽說：「媽媽，你說人為什麼要活著呀？」

媽媽先是一愣，沒想到她這麼小就會問出這樣的問題，然後笑著和孩子說：「嗯，你這個問題問的很好，看來我們的小寶貝長大了。人為什麼要活著？關於這個問題，媽媽是這麼覺得的，我們是為愛而活著的。這麼說吧，媽媽活著就是由於有你，有爸爸，有祖母、祖父的愛，由於你們的愛，媽媽覺得很幸福很快樂，所以媽媽活著。」

女兒似懂非懂的繼續問道：「那要是我們大家不愛你了呢？」

「那樣媽媽就把自己的愛全部給你們，讓你們感受到媽媽的愛，然後為你們能夠感受到媽媽的愛而活著。」

這回小女兒似乎明白了，她笑著說：「我知道了，我也要為了愛而活著。」

「人為什麼活著？」這個問題可能有無數種答案，每個人都有自己獨到的見解，不過在回答孩子的這個問題的時候，家長一定要考慮到孩子的年齡和理解能力，用最淺白的語言和道理來給他講明白。

如果孩子已經長大，有了知識儲備和認知能力，但是還問家長這個問題的時候，這就表明他們在生活上遇到了困難，感覺到迷茫。這時家長再進行回答的話就可以靈活一些，比如對於青春期的孩子可以告訴他：活著是為了理想、為了愛、為了自由等等。

無論是哪一種答案，都要告訴孩子，生活是美好的，只要活著，就能夠遇到美好，一定不要為了一點小事情就想不開，那是很愚蠢的行為。

在孩子的眼裡，世界是美好的，他們根本不能體會「生離死別」的滋味，覺得那只是童

話故事裡才會有的事情，隨著他們長大，也開始接觸一些身邊人的離去，這個時候總是很痛苦的。家長應該在孩子小的時候就對她進行生死方面的教育，讓孩子明白其中的道理，給他們柔弱外表裡一顆堅強的心，從而使他們更加的熱愛生活，擁抱生活。

重點15：走進孩子的內心世界，你會看到一個「萬花筒」

有位兒童教育專家曾經說過：「多聽孩子講話，你就會看到一個純真無邪的世界，那裡就像是一個『萬花筒』。」作為家長，只有放下自己威嚴的架子，才能夠真正的了解孩子的內心想的是什麼，需要的是什麼。

有時候孩子就像是家長的一面鏡子，從孩子身上你就能夠看出家庭教育是否成功。

在生活中經常聽到一些家長抱怨自己的孩子，說孩子不願意和他們交流。而當問道孩子時，孩子卻很委屈的說家長不理解自己想要的是什麼，他們可以和自己說個沒完，可是卻聽不進自己和他們說的話。這種情況應該在很多的家庭裡都有出現。其實，孩子有很多小心思和祕密，他們也很渴望父母能夠走近自己，理解自己。可是當家長對孩子表現出無所謂的樣子的時候，孩子就會很失望，以至於會出現一些不好解決的問題。

那麼作為家長，應該如何做呢？

第一，學會認真傾聽孩子的話。父母在和孩子交流的時候，應該以一種平等的身分，熱情的態度，富有興趣的神情來交談。當孩子說話的時候，父母不要著急去打斷，聽到不太合情理的地方也不要著急去指責，而是要站在孩子的立場上，來理解他說話的內容，讓他覺得自己是被理解和被接納的。家長只有這樣做，孩子才能夠對你敞開心扉，彼此更加容易交流。

第二，要多和孩子交流思想。家長與孩子間多進行思想上的交流，不僅能夠使家長了解孩子的內心想法，還能夠使孩子體會到父母的苦衷。這樣互相理解，也有利於家庭的和諧。

人們總說「眼睛是心靈的窗戶」，「言為心聲」。在平時，孩子的內心世界都會透過他們的一言一行表現出來，家長應該多留心觀察。並且這個觀察是基於把孩子當做朋友來看待的。家長雖然要留心觀察，但是一定不要侵犯到孩子的隱私，像日記這種隱私的東西家長不要去試圖窺探。

第三，經常向孩子的朋友或者老師了解情況。要想真正的了解孩子，單從家庭這一方面是不夠的，還要經常去向老師或者孩子的同學了解下，詢問孩子在學校的表現如何，學業成績，和同學的相處情況等等。這樣的話家長就能夠及時全面的了解孩子的情況，能夠

知道孩子哪裡做的不夠好，可以給他提供幫助。

第四，給孩子營造一個溫馨舒適的聆聽的環境。在家庭生活裡，父母要想和孩子順利的交流，營造一個溫馨的聆聽環境是十分有必要的。當孩子在學習或者生活裡遇到困難的時候，家長以一種親切的態度和他交談，抱住他，聆聽他的訴說。這個時候並不需要講太多的話，只需要給幾句關心的言語就可以了。這樣溫馨的溝通方式會很容易使孩子感受到愛，時間長了，孩子便會對家長敞開心扉，喜歡上和家長進行交流，並且會主動的和家長講述他的事情。

第五，要給予孩子充分的尊重。每個人都有自己的隱私，孩子也是一樣，家長不能夠依仗自己在家中的地位，就對孩子的隱私不管不顧。有句話說得好：「沒有隱私的孩子是長不大的。」家長不要覺得自己完全是為了孩子的好，其實這反倒會引起很多的問題。孩子是一個完整獨立的個體，家長要想走進孩子的內心世界，就要對他有充分的尊重，給孩子一個自由呼吸的小天地，這樣他成長起來才會更健康。

只要家長對孩子用真誠的心去交流，走進他的內心世界，就會發現，孩子雖小，但是他的內心卻像萬花筒一樣絢爛多彩。

重點16：孩子眼中的父母

老師讓孩子們分享自己眼中的父母是什麼樣子，有什麼愛好。於是同學們紛紛的舉起了手，喊著：「我知道我知道。」

於是老師叫了幾個學生回答了問題，大家給出的答案大多是：我爸爸喜歡喝酒，我媽媽喜歡逛街和滑手機看FB及IG，我爸爸愛玩電腦，我爸爸喜歡抽菸等等。同學們你一言我一語的說著自己眼中的父母，老師若有所思，難道在孩子們的眼裡，自己的父母就是這個樣子的嗎?學生們發完言，竟然沒有一個學生說自己的爸爸媽媽喜歡讀書，喜歡和孩子聊天。

父母是孩子的第一任老師，他們對孩子的教育，投射在孩子身上的影子，對孩子的成長有著至關重要的作用。孩子在小的時候，家長尤其要給孩子樹立一個好的榜樣，平時自己的愛好孩子都看在了眼裡，記在了心上。在孩子的人生觀和價值觀形成的初期，家長一定要以身作則。

對於剛讀小學的孩子來說，父母的身教要重於言教。父母平時的愛好、習慣和行為都會在不知不覺中影響到孩子。家長可以想像一下，一個嗜酒如命，整日醉醺醺的爸爸怎麼可能教育的好孩子，而一個吃過飯就打開電視看節目或者外出逛街的媽媽怎麼能夠認真輔

導孩子寫作業。

有一位孩子的母親是老師，教學二十多年來所帶的學生成績都很優秀。這位母親平時忙於工作，每天吃完飯做完家事後都要去自己的房間裡寫教案，認真的備課，想好明天該講什麼內容。她也沒有太多的時間去輔導自己的孩子寫作業，但是她的女兒的成績卻很好，每次考試都是班上的前幾名。也許很多的家長會感覺到困惑，為什麼自己每天輔導自己的孩子，陪著他寫作業，限制他娛樂的時間，可是成績卻並不理想呢？而這位教師並沒有太多的時間管教孩子，她的孩子成績卻很好呢？其實這並不難理解。這位教師雖然沒有過多的時間去輔導孩子，但是她卻很注重在平時培養孩子的自理和自立的能力。因為她知道，孩子的這種能力要比時刻的督促著她學習還要重要。不僅如此，她每天晚上都會寫教案，溫習明天的課程，其實也是一種教育的方法：她以自己勤奮、刻苦、執著、認真的態度來教育孩子。這些孩子都看在眼裡，當她看到媽媽都在檯燈下認真的溫習著、記錄著，自己也就不好意思貪玩而不好好的寫作業了，這就是身教重於言教的很好的例子。

除了孩子的學習以外，還有一項也是父母能夠對孩子達到很重要影響的，就是孩子的性格。試想一下，一個家庭不和諧，夫妻二人總是吵架拌嘴甚至大打出手的環境下長大的孩子，他怎麼可能是活潑開朗的性格呢？對於一個家庭而言，首先給孩子提供的應該就是安全感。對孩子來說，如果父母總是吵架，那麼他從生理上到心理上都會多多少少的發生一些變化，他們會變得敏感、膽小、不願意與人交談，嚴重時還會形成自閉。所以有專家認為，家長之間如果發生了矛盾，一定要考慮到孩子的存在，不能夠以自己的心理層面來考慮孩子的心理，畢竟孩子的心理承受能力有限，看到父母吵架拌嘴甚至動手的時候，他們會很無助，很害怕。一個良好的家庭環境才會形成孩子一個良好的性格，家長在平時一定要注意自己的言行舉止。

重點17：懂得尊重和欣賞孩子的人格

每個人都渴望得到別人的尊重與欣賞，尤其對於孩子來說，這一點同樣重要。只有尊重孩子的人格，孩子才能夠學會尊重他人。在家庭裡，雖然孩子的年齡最小，地位最低，說話最沒有「分量」，但是家長一定不要把孩子以最輕微的態度來對待，而是要把他當做一個獨立的社會人來養育。只有這樣，孩子在長大以後才可以很好的適應融入社會，成為一個心理健全的人。

一些家長對於要尊重孩子人格這件事情不理解，覺得孩子才這麼小，他有什麼人格可言呢？家長要是這麼想便錯了。孩子雖然小，但和大人一樣，也希望能夠得到別人的尊重。那些覺得孩子沒有人格的父母，他們不會尊重孩子的人格，因此也就很難把孩子教育好。

那麼什麼是人格呢？人格就是一個人能夠作為權利和義務主體的資格。不尊重一個人的人格，就是不尊重他的權利和義務。父母在孩子成長的過程中一定要認清，孩子也是有權利和義務的。

現在有很多的家長在教育孩子的時候都會依仗自己在家中的地位和權威，對孩子進行威懾，有的時候還會動手打孩子，仍然信奉著「不打不成器」的老一套的教育方式。這種做法就完全沒有顧及到孩子的人格。

不能夠否認的是，每一個父母都是深愛著自己的孩子的，希望他們將來能夠成才。但是這個教育的過程中父母一定要清楚和明白一件事情，那就是你對孩子打罵，會傷害到他的人格，還會使孩子失去對父母的尊重以及信任。這樣的話，教育的效果也不是很好。

一些教育專家認為，家長尊重孩子，其實也是在尊重自己。因為尊重是一個相互的過程，只有尊重了別人，才能使別人也尊重自己。家長和孩子在相互的尊重中，會使教育的效果變得更好。

孩子的成長是一個漫長的過程，只有經過長時間的科學合理的教育，孩子才能夠成人成才。教育的基礎是尊重人格、保證權利和維護尊嚴。只有這幾方面都實現了，教育才能夠成功，才能夠培育出一個又一個真正的「人」來。孩子的人格得到了尊重，他才會變得更有自尊，從而也會更加的自強。

那麼作為父母，要如何在平時的生活中做到尊重和欣賞孩子的人格呢？

首先，要將故有的封建教育方式拋開，進行改變。比如把之前的「我說你聽」換成「我們一塊來分析下這件事情。」家長沒了以往的「架子」，孩子才願意和你交談。家長在管教孩子的同時要時刻提醒自己，孩子雖然小，但也是家庭中的一員，應該享有平等的發言的機會。父母和孩子的關係，有的時候有著「主管」和「下屬」的成分，也可以有著朋友的成分。家長應該時刻提醒自己，不要只顧自己說的痛快，還要聽一聽孩子的想法，並且要認真聽。孩子的年紀小，認知水準和判斷能力都不完善和全面，犯錯是很常見的。只有家長了解了孩子的情況，才會做到「有的放矢」。

然後，家長要學會控制自己的情緒。家長對孩子的愛是天經地義的，但是這也不允許一些家長抱有「老子打兒子也是天經地義」的想法。事情都有正反兩個方面，物極必反。教育孩子的時候，家長一定要有良好的自控意識和能力，確保理智的教育。就算孩子的做法十分讓自己生氣，那也要提醒自己保持冷靜，不然自己的教育就會失敗。

總而言之，作為家長，一定要學會尊重和欣賞孩子的人格，這是每一個做父母的責任。不管孩子的年齡是多少，他們都是一個實實在在的人，父母只有尊重了孩子，與孩子平等的交流，用欣賞的眼光去保護孩子的自尊心，這樣孩子才會積極健康的成長。

重點18：拉近心與心的思考

每個家長都希望能和孩子很好的交流，而保持一種和諧融洽的親子關係，是順暢交流的一個重要因素。只有親子之間的關係和諧了，孩子才會願意與家長進行交流，無拘無束的告訴家長自己的想法，而這樣，也有利於家長了解孩子的內心，方便提高家教的品質。

那麼要如何拉近家長與孩子之間心與心的思考呢？有下面幾種方法可供參考。

第一，對孩子要有一顆寬容心。孩子如果偶爾犯個錯誤，家長一定不要抓住這次錯誤不放，而是要幫助孩子找到錯誤的原因。平心靜氣的和他討論錯誤的地方，幫他分析得失，讓他能夠從中吸取到教訓，以免下次再犯。家長的這種寬容之心會感化到孩子，讓他從心底裡明白家長這麼做是在關心他。

第二，經常與孩子開玩笑。開玩笑，無疑是緩解氣氛，調節關係的最好的一種方法。對家長來說，要在平時多和孩子開一些幽默高雅的玩笑，在活躍氣氛，使孩子感受到快樂的同時，能夠成長知識。這樣，彼此的心情好了，交流起來就會更方便，能夠拉近彼此的距離。

第三，要懂得換位思考。在家庭裡，家長站在一個教育者的位置上，但是不可以以這種「高高在上」的角色去對孩子進行一味的批評。如果孩子犯了錯，可以先讓他站在家長的位置上來看待這件事情，看看他有什麼想法，家長用這種換位思考的方式來引導孩子，將心比心，既緩解了緊張嚴肅的氣氛，又得到了很好的教育的目的。

第四，對孩子不要有太多的疑心。一般來說，家長對孩子的疑心太重的話，很不利於和孩子和諧的相處。家長對待孩子要信任，在沒有十分把握的情況下，不要對孩子太早的下結論，那樣會很容易傷害到他的自尊心。而且，也不要對孩子進行妄自的猜測，那樣會對孩子心理上造成壓抑感，嚴重時還會形成反向心理。所以作為家長，要給孩子一種信任，這樣才能夠保持關係的和諧，有利於解決問題。

第五，和孩子平等的相處。如今的社會發展很快，資訊的種類和傳播方式多種多樣，孩子受來自外界的多元文化的影響，一般都有自己的想法，往往會出現和家長意見不一致的情況，這種現象很正常。當雙方意見不一致的時候，家長一定不要由於顧及到自己的面子而站在高處，將孩子進行「打壓」，也不應該把自己的觀點強加給孩子。孩子既然那麼

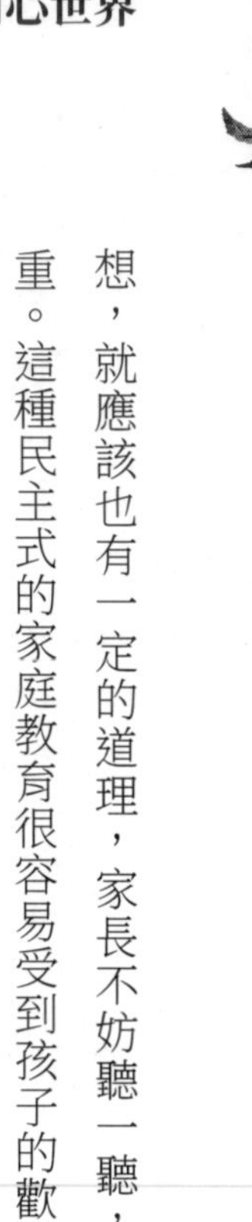

想，就應該也有一定的道理，家長不妨聽一聽，和孩子進行交流，這樣對他也是一種尊重。這種民主式的家庭教育很容易受到孩子的歡迎，時間長了，就能夠使雙方的關係變得更加的和諧融洽，更加有利於家長進行教育，及時的對孩子的錯誤進行糾正，從而讓他變得更優秀。

在孩子的成長過程中需要一個科學合理的家庭教育，家長有義務給孩子正確的引導，並且這也是他們不可推卸的責任。教育是一個漫長的過程，家長在這個過程裡也應該不斷的提高自己的知識水準和各方面的能力素養，給孩子營造一個和諧舒適的家庭環境，透過拉近心與心之間的思考，來使教育更加順暢，從而達到事半功倍的效果。

重點19：特別的愛，給特別的孩子

每個家長都希望自己的孩子能夠健康的成長，但是由於很多方面的原因，一些孩子在出生以後智力比較低下，患有「智障」，家長面臨這種狀況，難免心會滴血。而最大的問題還是應該如何教育孩子，更早的讓他健康起來，和別的孩子一樣盡情的玩樂。

沒有付出的等待是解決不了任何問題的，家長只有掌握了正確的教育方法，教給孩子一些基本必備的生存技能，才能夠使孩子在社會中漸漸獨立起來，或者以一種半獨立的方式生存下去。

那麼作為家長，應該如何做呢？

首先，接受事實，用平和的心態對孩子盡早的進行教育。家長習慣於將自己的孩子與別人家的孩子進行對比，當發現自己的孩子在語言或者動作上都不如同齡的孩子時，就會產生疑問，而當得知孩子的這種情況是智障的時候，難免會感到震驚。一些家長不願意相信某位醫生的診斷，於是四處求醫，希望這是個「誤會」；而有的家長則感到很壓抑，就像自己做了虧心事情一樣，成天不願意見人，也高興不起來；還有的家長覺得欠孩子太多，以後要好好的補償他；也有的家長認為這是「家醜」，所以就把孩子關在房間裡，不讓他見人。

其實，家長的這種做法是不正確的，不僅不會幫助孩子成長，反而會讓孩子在無形之中受到孤立和歧視。家長要做的，就是要想盡一切辦法對孩子進行教育。教育的越早，孩子潛在的智力得到發揮的限度也就會越大。不僅如此，還要給孩子豐富的營養供應，讓他們的身體健康強壯起來。營養到位的話，也有利於大腦的發育。

然後，家長要與學校進行及時的溝通。在現實生活裡，有很多的智障孩子的五官並沒有像正常人那樣長得端正，往往會受到同齡孩子的攻擊，家長為了保護孩子，可能會採取

不讓孩子出門，不讓他上學接受教育等方式。其實這是不正確的。據統計，有超過八成的中輕度智障兒童在經過一定的訓練和教育之後，不僅生活能夠自理，還可以幫助別人。家長應該給孩子足夠的關愛和耐心的教育。

因為孩子的智力相比於正常的孩子來講有些低下，在對學習的接受能力以及對事情的感受能力上都有些差，所以家長就應該從實際出發，制訂一個切實可行的方法，慢慢的把孩子的學習興趣給培養起來，不要漏掉他的每一個微小的進步，只要有進步，就要及時的給與鼓勵。

將孩子送入專門的智障兒童學校，讓他們在那裡去接受教育。而且家長一定要及時的與學校的老師進行溝通，了解自己的孩子哪些地方上有進步，哪些地方上還存在不足，透過家庭和學校雙方面的教育和配合，讓孩子進步成長的平穩順利些。無論是在學習的要求上還是日常生活習慣的培養方式上，家長都應該先了解和熟悉老師的方法是什麼，然後再進行教育，這樣就能夠相互教育，效果會更好。

最後，應該讓孩子多參與一下家庭和社會的生活。對於智障兒童來講，他也是兒童，他也應該享有平常兒童所能夠享有的一切東西，包括生活的環境、受教育的權利，以及被保護和疼愛的權利等，甚至基本上他們可以獲得的更多。由於他是小孩子，也是家庭裡的一分子，所以家庭裡的大小活動也不應該少了他的參與。像家人一起看電視、坐在一起聊天等，這些團體活動他都應該參加。家長一定不要將他與人人進行隔離，不讓他參加活動和聚會，剝奪他接觸社會的權利。而當家人外出的時候，比如逛公園、上街，或者有一次旅遊的話，都應該盡可能的帶上他，讓他多與社會進行接觸，這樣才有利於他的成長，長大以後才能更好的適應社會。

孩子智障並不是他的錯，家長應該多給孩子一些關愛，用耐心的教育使孩子盡快的成長起來。特別的愛，送給特別的孩子。

重點20：做孩子的聽眾，沒有人比你更合適

在家庭這個公司裡，孩子的訴說與父母的傾聽是日常生活裡最平常的一幕。當孩子和父母說事情的時候，父母應該耐心的傾聽，和孩子及時很好的互動，這樣有利於孩子的語言表達能力的提高以及性格的完善。可是在平時的溝通中，有很多的家長在聽孩子講話時表現出的卻是漫不經心、敷衍，或者是假裝在聽、有選擇的聽等。能夠真正做到耐心傾聽並且和孩子很好互動的家長少之又少。孩子的內心很脆弱，也很敏感，當家長傳遞出一個漫不經心的眼神的時候，孩子便會感受到家長的態度。如果家長缺乏耐心，不能夠很好的

聽孩子講話，那麼孩子就會失望，變得消極起來，時間久了便不再想和家長交談。

靜文今年上二年級了，是個活潑開朗的小女生，而且有著很強的好奇心，對學校裡發生的所有事情都比較感興趣。由於她觀察的比較仔細，所以每天晚上回到家之後都會和媽媽講講今天學校裡發生的事情，比如老師上課說了什麼有意思的話，誇讚了誰，批評了誰，這些她都會和媽媽說一說，有時候說道她覺得高興的地方的時候就會笑的前俯後仰的。

媽媽平時上班很辛苦，回到家以後還要做一些家事，很忙。在最開始的時候並不忍心打擊靜文的積極性，所以會很耐心的聽她講完。不過家裡的家事有很多，慢慢的，媽媽就一邊做家事一邊聽靜文講話，對她的話也是偶爾回一句附和著。

靜文很懂事，她看到媽媽在忙，所以就坐在沙發上等著媽媽閒下來的時候再和她說。媽媽終於忙完了，坐在沙發上看起了電視，這個時候小靜文湊上前來，躺在媽媽的懷裡說：「媽媽，今天老師在課堂上表揚我了，說我的想法新穎獨特，還說別的同學要向我學習。」說完很得意的笑著。媽媽說：「是嘛?你真棒，那你說說具體情況。」靜文覺得媽媽一定很感興趣，很想聽自己說，所以就很高興的給媽媽講了起來。

可是講著講著，小靜文卻發現，媽媽雖然在聽著自己說話，但是眼睛卻在盯著電視看，有的時候還會不停的轉台，嘴裡只是偶爾「嗯，然後呢？」這樣的應付著。靜文覺得媽媽不喜歡聽自己講話，很傷心，所以就起身走進了自己的房間，不管媽媽怎麼敲門怎麼認錯她都不出來。

孩子在小的時候，對父母總會有著很強的依賴感，很希望得到父母的重視與肯定，希望父母能夠認真的聽自己講話。這樣孩子會因此而變得富有滿足感，還會提升自信心，很有利於孩子的身心發展。

對孩子來說，向父母傾訴是緩解自己內心情緒的一個最好的方式。孩子很希望能夠在父母那裡得到解決問題的辦法並且獲得一定的鼓勵或者安慰。這個時候如果父母不予以回應，孩子的積極性就會受到打擊，自信心也會受到一定程度的挫傷。在孩子小的時候，語言組織能力不強，邏輯可能也比較混亂，但正因為這樣，父母才更應該認真傾聽，在和孩子互動的時候提升孩子的能力。只有父母的方式正確了，做到了耐心的傾聽，那麼孩子的成長便會更加的順利。

隨著孩子一天天的成長，父母也很希望能夠和孩子有多一些的交流和溝通，了解他們的內心想法和生活。而這個了解過程最有效的方法，就是做孩子的忠實聽眾，耐心的傾聽。

耐心傾聽，不僅是對孩子的負責，同時也是對孩子的信任與尊重。孩子的成長是一個漫長的過程，父母在教育上也不應該急於求成，而是要做到尊重孩子的想法與需求，尊重

他們想要被傾聽的渴望。做孩子耐心的聽眾，才能夠和孩子交朋友，這樣才能及時了解孩子成長的各個方面的情況，在他們需要的時候及時的給予幫助。

重點21：撐起父愛、母愛的船，引導孩子「渡」過青春的河

一說起孩子的青春期，可能有很多的家長會感覺到頭痛，在他們看來，青春期的孩子往往比較叛逆，總是和父母唱反調。

當家長在週末想要帶孩子去逛街的時候，孩子會以「懶、累」這樣的理由來拒絕；當家長帶孩子參加親戚朋友的婚禮時，他們也會很不情願去，而回來以後也是扔下一句「真無聊」就會回到自己的房間裡不出來；當家長讓他學習的時候，他仍然會說「沒意思」。

在這個階段的孩子覺得什麼都沒有意思，而當父母問他們什麼才是有意思的事情的時候，他們也說不出來。反正就是覺得自己做的事情沒意思。

其實父母擔心的還不僅僅是這些，由於孩子眼中的這種種「沒意思」，他們經常會感覺到孤獨，覺得沒人能夠理解自己，有的時候還會出現憂鬱的表現。如果父母對孩子的這種情緒處理的不得當的話，就會激發彼此之間的矛盾，爭吵嚴重時孩子很有可能離家出走，這種現象在青春期孩子以及他們的家長中經常出現。

小月今年讀國二，平時的話不太多，由於學習比較緊張，所以父母對她照顧得很好，牛奶、營養品等的供應都沒有間斷過，而且她想要什麼的話父母也都會滿足她。節假日去爺爺奶奶、祖母祖父家去的時候，老人們也都很熱情，都十分喜歡她、疼愛她。按理說小月應該十分的滿足才對，可是她在自己的日記裡卻這樣寫道：「我覺得自己好孤獨，沒有人能夠真正的理解我。」

孩子到了青春期之後，開始有了自己的小祕密，他們很希望能夠與別人交流，希望別人能夠理解自己，但是卻又信不過身邊的人。所以在這種比較矛盾和糾結的心理鬥爭之下，他們就會形成孤獨感，長時間得不到緩解的時候就會出現憂鬱。

孩子在成長的過程中有兩個「斷乳期」，一個是小時候身體上「斷乳」，那個時候他們開始能夠比較流利的說話，能夠走路，茁壯成長。還有一種就是心理上的「斷乳」，這種情況就出現在青春期。在青春期的孩子往往會有這樣的心理：覺得自己是大人了，不再需要家長的管束了，自己已經成熟了，完全可以獨當一面。

在這種心理的影響下，孩子的認知就會和之前出現偏差。在他們看來，父母的關心和愛護並不像之前那樣的讓心裡暖暖的，反倒是讓人覺得很煩。父母說什麼自己也不想聽。老師也沒了之前的耐心，無論上課講什麼自己都會覺得懶懶的。而之前的好朋友也不再像

從前那樣的親密無間，開始有了各自的新朋友。就這樣，他們找不到合適的人來傾訴心事，覺得沒人能夠理解他們，內心就會覺得孤獨。

孩子到了青春期的時候都會經歷心理上的「斷乳期」，有的表現的很明顯，有的則很隱晦。父母在這個階段一定要多加注意，稍不留神可能就會使孩子陷入孤獨的陰影裡。

那麼作為家長，應該怎樣做才能夠使孩子順利的躲避這種孤獨和憂鬱呢？其實也並沒有那麼複雜，家長只需要與孩子進行真誠的溝通就可以。透過溝通，了解孩子的內心想法，這個過程中家長一定要堅持並且要注意態度的溫和。只要家長與孩子良好的溝通，家長就可以走進孩子的內心世界，從而幫助他平穩順利的度過青春期。

第三章　和孩子一起長大

重點22：作為家長的你，你準備好了嗎

當年輕的父母看到自己孩子的那一刻，應該都有說不盡的喜悅吧。孩子是夫妻二人愛情的結晶，也是上天送給他們最好的禮物。從此，便擔負起了照顧孩子撫養他長大的責任和義務。也只有在有了孩子以後，年輕的父母才會明白自己的父母當初生養自己的不容易。慢慢的變成家裡的核心，為了上面的「老」和下面的「小」而奔波著。

在孩子沒有出生的時候，每一位父母都會有這樣那樣的美好想像，想著自己應該如何培養他，要交給他哪些東西，看著他一天天的成長，然後長大成人，等到自己老態龍鍾的時候，坐在椅子上和孩子邊喝茶邊聊天。

通常來說，爸爸都比較喜歡女兒，媽媽都比較喜歡兒子，但無論是兒子還是女兒，作為家長，都應該盡好自己的責任義務，將他們培養長大，給他們應有的教育和保護。

男孩和女孩雖然在性格上有著很鮮明的反差，一個喜靜，一個好動；一個細心，一個粗心；一個柔弱，一個堅強。但是總體上來說，孩子的成長趨勢是大致相同的。在不同的年齡層，都有著屬於那個年齡層的教育方式，有最適合孩子發展的一個方向。

在孩子五歲之前，是培養激發他語言天賦的好時機。平時我們總會聽人說：「要是在孩子五歲之前沒有對他進行好好的教育，那麼以後再怎麼教育都是於事無補的。」這種話雖然存在一定的嚴謹性，說的不一定正確，但是有一點卻是不容置疑的，那就是在孩子五歲以前對他進行教育的重要性，要遠遠超過我們的想像，這段期間的教育對孩子整個一生來說都是十分重要的。

五歲之前的階段，孩子的大腦發育的最快，過了五歲便會減速。所以在這段期間，父母除了要教會孩子那些必要的技能，比如說話之外，還要對他的大腦進行有意識的保護，時不時的向他灌輸一些良好的情感，而讓他遠離那些有害的、危險的資訊。

不僅如此，這個階段孩子的語言天賦也會得到很好的表現。家長在教孩子說話之餘，也可以引導他發揮自己的天賦，比如每天給他講一個故事，然後讓他複述出來；教給他朗誦詩歌等。這些引導都會使孩子的語言表達能力得到很大程度的提高。

在孩子八歲左右的時候，家長應該著重培養他們的記憶能力。因為在這個時候，孩子的大腦裡有一種叫做海馬迴的主管記憶的部分開始變得活躍起來。而且在這一時期，女孩的海馬迴要比男孩的大，其中神經元的數量和神經傳遞的速度也比男孩快。所以在這一階段，同齡的女孩的記憶能力要比男孩要強。在平時，如果家長要男孩連續做幾件事情的話，他可能會丟三落四，需要家長不停的提醒才會把事情做完。而女孩則不一樣，她們並不需要家長的提醒，自己就能夠順利的完成家長交代的事情。這種現象的發生就是由於男

女孩之間海馬迴記憶能力不同所造成的。所以在孩子的這個階段，家長應該著重培養他的記憶能力，比如鼓勵他每天背誦幾首詩詞，就是一個很好的辦法。

在孩子十至十二歲的時候，是開發孩子藝術天賦的最佳時期，這個時期他的大腦額葉飛速發展，想像能力、思維能力、語言創造能力等都會有所提高。在孩子過了十二歲之後，經常使用的大腦區域會有越來越多的神經傳遞，而不經常使用的大腦區域則沒有。並且在那些沒有使用的大腦區域，大腦會自動的去除多餘的大腦組織功能。所以，父母若是想要培養孩子的藝術能力，比如音樂、舞蹈、繪畫等，應該抓住時機，在這個年齡層裡好好的培養。

重點23：一切從「心」開始

和孩子溝通的時候要用心，用自己的真心去了解孩子的內心世界。只有將自己的內心想法真誠的表現了出來，孩子才會感受到你與他溝通交流時的真誠，也才會說出自己內心的想法。不要小看孩子，或者忽略掉他們的人格，他們雖然小，但是也應該得到家長的尊重，很多事情上也要平等的進行對待。

有一個朋友曾經到國外去遊玩，他回國後講述了他在外國的見聞，他用自己細緻的觀察記錄了這種文化差異：

有一次在一家餐廳吃飯，看到隔壁桌的一家四口也正要用餐。他們家有兩個兒子，大點的十歲左右，小點的四歲左右。哥哥先坐到了座位上，這個時候弟弟有些不太高興，自己在那裡站著。這個時候他的媽媽蹲了下來，和他說道：「怎麼啦？你看，你的這個座位和哥哥的那個座位不是一樣的嘛，哥哥都已經坐上去要準備用餐了，你還站在這裡做什麼呢？等到下次有機會的時候讓你先坐好嗎？來，我們開始吃飯嘍。」孩子聽了媽媽的話，看了看兩個座位，發現並沒有什麼不一樣的，於是就高興的坐下來吃飯了。

他對當時這個媽媽的做法並沒有太在意，覺得也沒什麼。可是後來當他在公園裡、遊樂場裡，看到家長們和自己的孩子說話的時候，都是蹲下來說的，並且還會拉著孩子的小手，溫和的和他說話，有時候還會和孩子進行商量。而孩子們倒也很「買帳」，對於父母說的話也都是微笑著點頭表示同意。

面對這種情況他有點不太理解，後來一位外國的朋友給了他答案。從那位外國朋友的口中他知道，原來在國外家長的眼中，孩子們的年齡太小，所以家長在與他們交流的時候就要蹲下來，這樣家長與孩子之間平視著交流會更加方便，也更加容易真誠的交流觀點。在國外家長的眼中，孩子即使再小，他們也是一個獨立的個體，在任何時候都要受到尊重

以及平等的對待。

這就是文化之間的差異，也是很多家長們對待孩子的教育上所欠缺的。國外的家長對待孩子會講究平等和尊重，會真誠的用心去和他們交流。但是反觀我們自己呢？我們的很多家長則更多的時候是對孩子進行大聲的呵斥：「別這樣！」、「過來！」「和你說了別那樣，你還不聽！」這種帶有命令式的俯視態度和口吻不僅會使孩子感覺到委屈，有的時候甚至還會使孩子形成畏懼心理，看到家長就害怕。在家長的眼中，也許感覺自己說什麼是什麼，孩子必須得聽，自己很威風，但是在孩子的眼裡，可能父母並不可敬。這絕對不是一種平等和諧的親子關係。

國外的家長們蹲下來和孩子交流，這是一種交流的方式，也是對孩子尊重的展現，在這樣的小的重點裡，孩子可以感受到來自父母的真誠的愛。

真誠的付出便會收到真誠的回報，只要用心去溝通和交流，孩子就能夠感受的到。

重點24：不要忽略孩子的「心理貧困」

一個孩子如果心理貧困了，那麼就很容易產生自卑心理。一旦孩子被自卑感所控制，那麼他的精神生活就會遭到一定程度的約束，原本擁有的聰明才智以及創造能力都會受到不同程度的限制而不能夠正常發揮。自卑感情況嚴重時就會影響到身體的健康，所以家長一定要注意孩子是否有這種傾向。

自卑感是一種心理上的貧困，生活中有很多人都有著不同程度的自卑。這種心理上的貧困會制約孩子的發展，使他們活在舊的生活模式裡，不敢輕易的去嘗試、去突破、去改變，他們生活中的明天往往都是沒有希望的日子。所以，家長對於這樣的孩子，應該給予鼓勵和幫助，在平時的時候要時常的告訴他們，只要你努力、用心，沒有什麼是改變不了的。透過他們自己的努力，然後家長給予肯定，再到他們白我肯定，最終讓他們建立起自信心來，從而最終擺脫自卑感。

美國總統羅斯福就是一個有著自卑感的人。他在小的時候膽子很小，怕這怕那的，在上課的時候也不敢主動的回答問題。他患有哮喘病，呼吸時就像是喘大氣。如果被老師叫起來背誦課文，他會緊張到嘴唇顫動，雙腿發抖，背起課文來就會咬字不清，然後只能夠頹然的坐下來。這樣的上課經歷總是讓他很難堪也很自卑。

像他這樣的孩子，內心的感覺一般很敏感，很在意別人看自己時的目光。由於自卑，也不太願意參加一些同學之間的聚會，朋友也很少。不過，羅斯福的父母卻從沒停止過對他進行鼓勵，總是給他一種積極的教育方式。慢慢的，羅斯福的自卑心理在淡化，取而代

之的是強大的自信心和勇往直前的奮鬥精神。

他的爸爸總會對他說：「孩子，你有著別人所不具有的特點，你沒有必要為別人的看法而失去了自己的信心，你應該用堅強的意志去奮鬥，只要努力，你就一定會成功。」在爸爸這樣不斷的鼓勵下，他終於有了堅定的勇氣和充足的信心，同時開始努力使自己的生活發生了改變。

從那之後，羅斯福遇到困難不再是退縮和害怕，而是更加充分的認識自己，和苦難做著堅決的鬥爭。並且他將這種曾經的缺憾化作了動力和資本，透過不懈的努力，最終當上了總統，受到了別人的尊敬。而在他晚年的時候，已經很少有人知道他在年幼的時候曾經有著很嚴重的自卑心理了。

在歷史的長河中，還有很多的名流大家也曾經患有「心理貧困」過。法國第一帝國的皇帝、著名的政治家和軍事家拿破崙，在年輕的時候就曾經為自己的身材矮小以及家庭貧困而感到自卑過；法國的思想家和文學家盧梭，曾為自己是孤兒感到過自卑；存在主義大師沙特，在兩歲的時候父親去世，有一隻眼睛斜視，最後徹底失明，他也曾為自己的家庭不完整以及自身的身體缺陷而感到過自卑。

這些成功的例子都具有極強的說服力，家長可以給自己的孩子講述這些名人的成長經歷，讓他們感覺到沒有什麼是不可以的。

在平時的生活中，家長可以從這幾方面來幫助孩子擺脫自卑感。第一，給自己一個正確合理的評價。告訴孩子不要因為一兩點自己的短處就唏噓不已，陷入自卑，還要讓他們認識到自己的優點，讓他們知道自己也有過人之處。比如家長可以讓孩子將自己的興趣愛好和特長都寫在一張紙上，這樣就能夠更加清楚直觀的了解到自己所擁有的東西。當再和同齡的朋友比較的時候，就會增強自信心，心理的包袱扔掉了，做起事情來也會更遊刃有餘。第二，對消極的思想說「不」。一個消極的思想，以及自己不斷的回憶，都會造成自信心的缺失。人應該多想一些積極快樂的事情，忘掉消極的事情。然後朝著積極的方向去努力，當發現自己陷入消極思想的時候，要及時的去調整。第三，要有面對自己恐懼的勇氣。對待事情，逃避永遠不是辦法，應該學著去面對他，從正面去解決它。如果孩子的膽子小，不敢在人多的地方講話，那麼家長就應該鍛鍊他多在大庭廣眾之前和人交談，勇敢的說出自己的看法。想好的事情也不要猶豫，要勇敢的去嘗試，要知道錯了再改也比永遠不做要強。

古語有言：「人之才能，自非聖賢，有所長必有所短，有所明必有所敝。」按照這個角度來說，天下所有的人都有或多或少的自卑。面對自卑不用害怕，勇敢的去戰勝它，成功

就在腳下。

重點25：你的形象，投射著孩子的心靈

國外曾經做過一項調查，主要針對的是中小學生，調查的問題是：你最敬佩的人是誰？從調查的結果來看，大部分男孩的答案是父親，女孩的答案是母親。一些中學裡也曾經做過同樣的調查，結果發現大部分的學生給出的答案都是明星或者政要，很少有學生的答案是自己的父母。

出現這種情況的原因，基本上是由於家長做的不夠好，在孩子的眼中形象不是最佳，當然也有孩子們少不更事，對自己的父母了解不足、理解不夠的一個因素。

孩子是在家長的背上長大的，家長是孩子的第一任老師，所以家長的一言一行都會投射出孩子的心靈。過去的時候，農民們整日都很辛勞，當他們的兒子看到自己的父母面朝黃土背朝天的樣子，便想著為家長分擔一些，於是就在很小的時候學會了勞動。而農民的女兒也是很早就學會了做家事，養成了勤勞儉樸的生活習慣。

但是再看看現在，一些年輕的家長，由於平時工作很辛苦，回到家以後便一心想著要如何放鬆放鬆，緩解下壓力。有的家長還叫來三五好友來到自己的家中，喝酒、打麻將，怎麼高興怎麼來，完全不理會在一旁寫作業的孩子。在這樣的環境中長大的孩子，不僅學業成績很難有所提高，而且很容易沾染家長的一些陋習，最終課本知識沒有學會，倒是學會了玩撲克和打麻將。

小朵是個可愛的小女生，上幼兒園已經有三個月的時間了。一天早上，她在鬧鐘的叫聲中起床，這個時候媽媽進屋說：「快起床拉，鬧鐘都響了。」小朵在被窩裡伸了一個懶腰說：「媽媽，你幫我找一下我那條粉色的裙子，我想穿它。」媽媽說：「今天天氣有點冷，你穿裙子會感冒的，還是穿新買的那條牛仔褲吧。」小朵不甘心道：「不嘛不嘛，我就要穿裙子，媽媽都穿裙子了，為什麼我不能穿，我要穿那條粉色的，我也要和媽媽一樣的漂亮。」媽媽沒有辦法，只好幫她找出了那條裙子。

吃過早餐以後，整理好書包，準備出門去幼兒園了。這個時候媽媽換上了一雙黑色的皮鞋，小朵見狀，跑到自己的房間裡，也找出了一雙黑色的小皮鞋。媽媽說：「你拿它做什麼？我都給你準備好小皮靴了，你看，今天穿它吧。」「我不要，我就要穿這雙黑色的皮鞋，我要和媽媽一樣漂亮。」

媽媽沒有辦法，歎了口氣道：「愛臭美的小女生真是麻煩！」這個時候小朵也學媽媽的口氣學道：「唉，誰讓我有一個愛臭美的媽媽呢！這就是遺傳呀。」

家長的一言一行，孩子都看在眼裡，記在心上。在生活裡，有的家長做的並不是很好，當孩子犯錯誤受到責備的時候，他會立刻反駁道：「你之前不也這樣嗎？」當面對孩子這樣的反問時，家長往往會變得詞窮而束手無策。

一些家長總是習慣指著孩子的鼻子大聲的呵斥：「快去看書，誰叫你看電視的。」但是家長自己卻沒有注意到，當他對孩子說這樣的話的時候，自己卻舒服的躺在沙發上邊嗑著瓜子邊看電視。家長這樣的行為，孩子能夠專心的回房間裡用功學習嗎？

當家長對孩子說「時間就是金錢」，不珍惜時間去學習和「謀財害命」沒什麼兩樣時，自己卻一次又一次的和朋友通宵打麻將、玩撲克。這個時候也許孩子就會想，難道你們自己這樣的行為不是在害自己的命？當家長不耐煩的指責孩子貪玩、懶惰的時候，是否想過自己做的是不是夠好，對待生活有沒有懶惰的行為。只有自己先做好了，才能去說教孩子，孩子也才會更加的信服，從而及時的改正缺點。

孩子在成長的過程中免不了接受這樣那樣的批評，但是相比這些，他們更需要一個好的榜樣。而家長就是他們每天都會注視觀察的一個燈塔，只有燈塔閃閃發光，孩子才會找對自己的方向。

如今的生活壓力很大，很多家長在奔波一天之後都很勞累，回到家中可能心情也不是很好。但是請家長們想一下家中盼望你們早些回去的孩子，他們渴望看到你們什麼樣子呢？所以要想讓孩子變成什麼樣的人，首先家長就要做什麼樣的人。

在平時的時候家長也應該和孩子有多一些的交流，讓孩子更加全面的了解自己。就算家長回到家中以後還要加班熬夜，也要讓孩子知道，自己做的這一切都是為了什麼？

家長的一言一行都投射著孩子的心靈，所以為了孩子的成長，家長在平時的時候也要好好表現。

重點26：給孩子一個完整的家庭

最近幾年，離婚概率呈現逐年升高的趨勢。夫妻由於這樣那樣的原因而離婚，其實說到底，受傷害最大的還是孩子。家庭是孩子避風的港灣，父母則是孩子最堅強的後盾，一個破碎的家庭，勢必會給孩子造成無法彌補的心理創傷。

萌萌今年讀國三，是整個年級最有名的「問題女生」。她平時不和同班的女生一起玩而是經常和一群成績很差的男生待在一起，放學了也不會馬上回家，而是相約去網咖打遊戲，有的時候還會和他們一起去打撞球。這樣「瘋」的時間久了，她也認識了一些社會上的不良少年，也有在網路上認識的網友。

有一次，一個穿著怪異，染著紅色頭髮的少年來學校找她，被她的老師發現了，然後把那個少年轟出了學校。然後老師叫來了萌萌，苦口婆心的跟她說：「你看你都這麼大了，應該能夠分辨是非。而且馬上就要期中考了，你和他們那些不良少年往來，會耽誤了你的課業呀，甚至你的一生都會毀在他們的手裡！」沒想到萌萌卻一點也不在乎的說：「這有什麼大不了的，毀了就毀了唄，我還恨不得早點毀了呢！」

老師對她的這種回答很不理解，後來經過了解才知道，原來在萌萌小學五年級的時候，她的爸爸媽媽就已經離婚了，法院把她判給了爸爸撫養。之後的一年的時間還能一個月見媽媽兩次，可是後來媽媽去了別的都市生活，爸爸也再婚了，繼母對她並不是很好。所以慢慢的，萌萌才形成了這樣的性格。

家庭的變故對孩子是最大的殘酷。沒了父母的呵護，家就變得沒有之前那麼溫暖了。因為少了父親或者母親的守護與照顧，孩子很容易在性格上發生改變，甚至扭曲。生活中也不乏一些在單親家庭中成長的孩子會淪落為「問題少年」。他們這種情況的出現，主要是家長對孩子的放棄造成的。有的家庭中夫妻雖然離婚了，但仍然保持友好的聯繫，對孩子的撫養與照顧也還是像之前那樣的用心，那麼這樣孩子也不至於心理扭曲，變成別人眼中的「問題少年」。

無論是父愛還是母愛，對於孩子來說，都是必不可少的。家長的愛能夠使孩子產生安全感和歸屬感，這是任何人包括其他的親屬都不能夠給的。

在完整的和諧的家庭中長大的孩子，他們要比在單親家庭中長大的孩子性格健全，而且平時一些優秀的特質都會在他們的身上表現出來，像對人有禮貌、注重自己的儀表、愛乾淨等，這些都是一個良好的家庭環境中才能薰陶出來的特質。而在單親家庭中成長的孩子，很難具有這種特質。

在單親家庭中長大的孩子，他們由於缺乏完善的關愛，就像花朵沒了根一樣會枯萎，他們很容易在成長的道路上迷失方向，嚴重的還會走上犯罪的道路。

其實除了夫妻離婚之外，還有一種社會上很常見的現象也會使孩子的關愛得到缺失，教育出現不足。如今有很多年輕的家長由於工作忙碌或者是沒有照顧孩子的經驗，所以就把孩子寄養在自己的父母家裡，與孩子的溝通變得很少。這樣，就有了一個名詞，叫做「寄養孤兒」。意思是說，這些孩子並非是真正的孤兒，但是由於長時間的寄養在爺爺奶奶家或者外公外婆家，而使他們與父母的距離疏遠，就好像是孤兒一樣。這樣對於他們的成長也是有一定影響的，畢竟孩子以後要有很多的時間來和父母相處，如果在他很小的時候就和父母的溝通交流很少，感情很淡的話，也會不利於他的成長。家長由於這樣那樣的原因可

以將孩子寄養在自己的父母那裡，但是要記得抽空去看看孩子，或者時不時的打個電話問候一下，這樣讓孩子心裡感覺到溫暖，他也能夠理解自己的父母的辛苦，等到再與父母團聚的時候，也會更加的親密。

重點27：讓孩子學會分享

與人分享是一種很好的美德，除了生活中那些吃的和玩的之外，還有很多無形的東西也值得分享，比如想法、好心情、意見等，有時候一個看似很簡單的分享，背後映射的卻是一份難得的寶貴、善良的特質以及博愛的思想。

讓孩子從小就學會分享，不但能夠讓他與別人交往的能力得到提高，還能夠提高他的思考能力和合作能力，讓他們在有自己理智的思考的同時，更好的融入到團體中去，為他以後的成功開闢道路。

一個孩子要想形成分享的美德，與家長的教育是分不開的。家長的教育方式正確，孩子就會容易形成合作和分享的意識，和別人相處的更加融洽；而家長的教育方式不正確，就會使孩子容易變得凡事都愛計較、容易以自我為中心，這樣時間一長就會變得不合群，性格上也會變得孤僻起來。

通常來講，主要有兩個因素會影響到孩子形成與人分享的這種美德。第一就是家長無論什麼事都會以孩子為中心。平時的生活裡，好多的家長都會給自己的孩子一些優先選擇權，比如有好吃的會記著讓孩子先吃，有好的東西也會記著讓孩子先用。如果孩子一個不高興發了脾氣，家長就會趕緊哄起來，什麼事都會答應。一個在家長的過度照顧裡長大的孩子，他在想問題或者做事情的時候容易以自己為中心，時間長便會形成驕橫任性、不與人分享的性格。第二就是家長中有一個人有獨斷專行的習慣。人們常說的「有其父必有其子」，先天的遺傳以及家庭環境的影響都會對孩子的性格造成一定的影響，而不由分說的是家庭環境的影響要更大一些。一位家長在家裡容易發脾氣，無論什麼意見都要以他的為主，說一不二，孩子雖然才五歲，但是卻在一言一行裡有點爸爸的影子了。在學校和小朋友們玩遊戲的時候，他總會以自我為中心，要求別的小朋友聽他的。如果別人和他的意見不一致又不聽他的，他就會大喊大叫，有時候還會哭鬧。不難看出，家長的行為方式和意識形態對孩子的影響是很大的。

所以家長們在平時的時候要提起注意，如果自己存在上述兩種不利於孩子養成分享美德的因素的話，那麼就要及時的進行改變教育風格了。如果孩子在平時的時候喜歡將一些東西據為己有，那麼家長不妨試著對他拒絕或者嚴厲的反對，以一種堅定的立場和態度來

將他這種自私自利的行為進行挫敗，並且讓他認識到這種行為的錯誤。要是孩子的脾氣比較倔強，不願意和別人來分享好的想法和意見的話，那麼家長們就要從自己做起，以身作則，給孩子樹立一個懂得、願意「分享」的好的榜樣。

其實生活中有很多的機會都能夠幫助孩子建立起懂得分享這個美德。尤其是孩子對於好吃的或者好玩的表現出獨占的意識的時候，家長們更應該堅定立場，對孩子這種自私自利的行為及時的說「不」。只有用這種嚴厲鮮明的態度，才會告訴孩子分享是一件多麼重要的事情。

瑤瑤今年七歲了，一天她想吃蘋果，媽媽就給她去超市裡買了些回來。在吃到最後一個的時候，瑤瑤捧著它，剛要動嘴咬下去時，媽媽對她說：「瑤瑤，這個蘋果分給媽媽一半，我們一起吃。」

瑤瑤聽到媽媽這麼說，趕緊將蘋果趕緊摟在了懷裡。

媽媽說：「你看，媽媽也想吃蘋果了，而且這還是我從超市裡買回來的呢？你怎麼捨得自己吃而不給我一半呢？」

瑤瑤看了看鮮紅的蘋果，還是有點不同意。這個時候媽媽生氣了，聲音提高了一點說：「要是你不和我分這一個蘋果的話，那你也別想吃了。」

瑤瑤看沒辦法，只得和媽媽分吃了這一個蘋果。

吃完以後爸爸對媽媽說：「你不是平時不吃蘋果嗎，怎麼今天想起來和女兒搶了？」

媽媽這個時候一本正經的和爸爸說：「我是不喜歡吃蘋果，但是今天一定要和她搶，我要讓她明白不能什麼事情都要自己去霸占，要懂得與別人去分享。」

如果一個孩子不懂得分享，那麼就會把別人對他的好當成是理所當然，甚至就像是別人欠他的一樣。這樣的孩子在長大以後是很難融入團體生活的。只有讓孩子從小就學會分享，這樣他才能夠擁有一個好人緣，得到別人的喜愛和幫助，人生的道路也會越走越順暢。

重點28：一「噸」言教，不如一「兩」身教

俗話說得好：「言教不如身教」。孩子具有超強的模仿能力，有時候家長說十句話，孩子聽進去的可能只有一句，而如果家長的一個漫不經心的動作，孩子卻會看在眼裡，記憶深刻。應該說，小孩子的特質不是一句一句教育出來的，而是在長期的潛移默化中逐漸的培養起來的。家長告訴孩子要誠實守信用，可是自己卻「睜著眼睛說瞎話」；要孩子好好學習少貪玩，可自己卻在看電視、打電動、滑手機、看FB和IG；要孩子保持乾淨，可是自己衣服堆了一大堆都不願意去洗還到處亂丟。家長們言行不一，孩子又怎麼能夠形成好的

習慣，培養出良好的特質呢？所以家長在平時要做到以身作則，看重一點一滴的小重點，給孩子做一個榜樣，平時多和孩子溝通，給他灌輸正確的思想，這樣，要比一本正經的板著臉和他講道理要效果好的多。

有一次，七歲的小霞和媽媽因為一點事情發生了爭吵，小霞大聲的和媽媽說話並且頂撞她，媽媽感到很傷心很難過。當時媽媽不知道如何是好，於是自己來到了一個房間，和女兒暫時的分開了，這場爭吵才停了下來。

後來媽媽和她的朋友說起了這件事情，朋友問她，說你後來有沒有教訓過她，媽媽說：「我在房間裡待了十多分鐘，然後出來跟她說『你不能夠和媽媽用這種語氣說話』。」朋友問她：「那你的女兒聽懂了嗎？」媽媽想了想，說：「應該懂了。」

朋友告訴她說，在孩子犯錯以後，除了要讓她知道自己錯了之外，還要讓她知道她的這種做法讓你感覺到難過。要知道，家長的以身作則是十分重要的。如果家長總是試圖透過語言來教育孩子，而不考慮切實的行動對孩子的影響，那麼孩子的成長是緩慢的。而且，孩子對家長大聲說話，很有可能是看到了家長和奶奶大聲說話的緣故，當你責備她這樣做不對時，她要是反駁你一句：「你當初還不是這樣對奶奶講話了。」你要怎麼辦？

如今的家長，都太過於重視自己的事業了，生活壓力使他們越努力工作，這樣時間的不均衡，造成他們忽略了孩子的教育問題。平常我們看到一個陌生的孩子的舉止行為欠佳的時候，總會說一句「這個孩子真沒家教」或者「沒教養」。從這種脫口而出的對陌生孩子的行為評判裡，我們也能夠看出，一個孩子的行為與他所受的家庭教育有著多麼重要的聯繫。

一些家長在教育孩子上並沒有長效的運行機制。當自己高興的時候，就會哄著孩子開心，帶他去吃好吃的，帶他去遊樂園等，可是當自己工作忙了的時候，就會很長時間的不理孩子，孩子並不知道不理他的原因是什麼，有時候仍然會到家長身邊去，家長這個時候便會對孩子一頓呵斥，搞得孩子又害怕又不理解。對於家長這種忽冷忽熱的感覺，其實是很不利於和孩子建立起和諧穩固的關係的。如果家庭之間能夠定期的舉行小的活動和會議的話，那麼效果可能會好很多。比如在週末的時候，家長陪伴著孩子將一週所學的知識進行梳理總結，然後做家事，一切都弄完了之後就開一個民主的小會議，說說各自的看法，彼此交流意見，這樣很有利於孩子的成長。

作為家長，總是恨不得將自己的所學，以及累積下來的人生財富與智慧全盤托出的告訴孩子，以為這樣他就能夠少走冤枉路，能夠更快的接近成功。其實世上沒有一勞永逸的事情，成長更是這樣，並不是說告訴孩子全世界的道理，孩子就能夠立刻成功了。這是一

個漫長的過程，家長不用急著將道理告訴孩子，只要注意平時生活中的重點，注意自己一點一滴傳達給孩子的概念就可以了。

重點29：和孩子一起成長，做他成長路上的夥伴

孩子應該說是家長永恆的一個話題，說不完，道不盡。看著他一天天的成長，一天天的懂事，家長都會感覺到幸福和喜悅，更有說不完的欣慰。作為父母，並不需要教給孩子如何成功，而是教給他怎樣才能夠獲得快樂、面對挫折、用積極的態度去更好的生存。

在孩子的成長過程中，總會遇到很多的問題，孩子會如何處理，家長要如何應對，這些都是一個個的考驗。家長除了與孩子有著親子關係之外，生活中還應該扮演起良師益友的角色，和孩子一起成長，做他們成長道路上的夥伴。這樣，孩子就能夠在以後的生活之中，和別人進行良好的溝通，善於言談，將自己最好的一面展現在別人面前，對壓力有一定的抵抗力，能夠肩負起自己應該承擔的責任，做一個積極向上的人。

歡歡今年六歲，平時很喜歡看卡通，尤其喜歡看《湯姆貓與傑利鼠》，每次看的都是津津有味，有時候還會叫上媽媽一起看。在裡面有一集講的是大狗教給小狗如何生存。其中有一句對白是這樣說的：「兒子，讓我們來談一下有關生活的事情」。然後大狗就開始給小

狗講了起來。歡歡看得很歡樂，媽媽也從中學到了些東西。

從那之後，媽媽經常和歡歡一起看《湯姆貓與傑利鼠》，而且平時要是有什麼需要讓歡歡改正或者牢記的事情的話，媽媽就會採用卡通裡的那句對白來作為開場，以歡歡熟悉的對話方式來達到教育的目的，歡歡覺得這種方式很容易接受，所以也就很配合，並沒有什麼抵抗情緒。

有一次，鄰居家的小朋友到歡歡家來做客，剛開始她們兩個玩得好好的，可是不一會歡歡就把所有的玩具都搶過來了，然後自己抱著，不讓小朋友碰。媽媽看到這種情形，就把歡歡摟在懷中，然後輕輕的和她說：「歡歡，現在讓我們談一下有關於生活得事情吧」。歡歡沒有說話，只是對著媽媽眨了眨眼，媽媽接著說：「家裡來了朋友，就應該好好的招待他，玩具也應該拿出來和他一起分享，大家一起玩才會成為好朋友啊，才會更快樂呀，你說是不是？」

聽了媽媽的話，歡歡抬起頭看了看那個小朋友。這個時候媽媽說：「你要是同意的話，就汪汪的叫兩聲吧！」歡歡想起了卡通裡的場景，小狗每次聽完了大狗的話都會叫兩聲，於是她笑著叫了兩聲。鄰居家的小朋友也笑了。然後歡歡就拿著玩具和他一起去玩了。後來歡歡長大了，這個辦法有些失效了，媽媽和她說的時候，她總是笑著跑開。雖然沒了之前

的功能，但是這個方法卻伴隨著孩子與媽媽一起成長了，成為了她們之間非常有趣也非常有效的一個遊戲了。

孩子一般都有賴床的習慣，當他早晨賴在被窩裡不想起的時候，家長不妨發出點他感興趣的聲音，這樣也許他就會立刻從被窩裡爬起來。留意孩子的愛好，用這種充滿童趣但是並不偏激的方法去解決問題，往往能得到很好的效果。孩子也會更加的理解你，你再講起道理來他也更加容易聽進去。

孩子是天真活潑的，他們擁有著最純真的童趣，很容易就會感覺到快樂。家長和孩子一起看卡通，既能夠獲得快樂，也能夠增進彼此的感情，在觀看的過程中還可以培養出一種彼此的新鮮的交流方式和默契。

在快樂的環境中成長，在友愛的氛圍中交流，和孩子一起成長。

重點30：像尊重你的主管一樣尊重孩子的選擇

每一個孩子都是一個小天使，他們也是一個獨立的個體，他們有時候會童言無忌，有時候也會「小鬼當家」。他們有著自己獨特的思考方式，也以自己的視角去看著這個世界。現在的社會越來越開明，孩子們成熟的也越來越早，好多家長都會感覺自己的孩子有時候就是一個「小大人」一樣，他們有時候會以大人的口吻來說話，也會模仿大人的一言一行，總是能給家長帶來無盡的歡樂。

隨著時間的推移，孩子也會一天天的長大，由之前的小搗蛋成長為頂天立地的男子漢，由之前的小公主長成落落大方的大美人。家長們總是渴望著他們成長，但是無論孩子多大了，在家長的眼裡，他們始終是長不大的孩子。

社會在進步，現在也有越來越多的家長在改變著自己教育孩子的方式。從古代沿襲下來的那種「不打不成器」的傳統的教育方式，轉變成如今的家長和孩子交朋友，以朋友的尊重和融洽關係進行家庭中的交流。無論怎麼說，孩子都應該得到家長的尊重，畢竟他們也是一個獨立的個體。家長在孩子小的時候就尊重他，這樣就容易培養出他尊重別人的習慣，而且在這個過程中，孩子也能夠比較深刻的了解到被人尊重所帶來的那種自信，也更容易體會到只有自愛自強，才會受到別人的尊重這個道理。

小夢雨的爸爸是一個十足的球迷，每次只要有球賽都會守在電視機前看直播，有的時候看一次直播不過癮，還要再看重播。因為工作的原因，她的爸爸每週都會出差，而在出差的過程中沒有辦法看電視，所以他就會買一些球類或者體育的雜誌來看，在了解體壇近況的同時也能夠很好的打發時間。

有一次爸爸拿了一本在出差途中買的雜誌回家，這本雜誌被翻看的已經皺褶了。小夢雨看到了這本雜誌，便翻起來看，她今年六歲，對所有文字的東西都比較有興趣。而且這本雜誌上有好多外國人的名字，念起來很拗口，她認識的字也不是很多，便拿著這本雜誌去問正在沙發上打盹的爸爸。「爸爸，你能聊聊這個嘛？」爸爸剛眯了沒一會，睜開眼一看，是那本自己買的雜誌，就說：「你看這個做什麼，講了你也不明白。」小夢雨有些難為情，說道：「我就是有些好奇，這裡面有好多的圖畫，還有好多我不認識的字，我希望你講給我聽，等到我長大了，認識的字多了，我就不會煩你了。」聽到女兒這樣的話，爸爸也有些尷尬，覺得不應該這樣回絕了女兒，妨礙了她的求知欲。於是從沙發上坐起來，給孩子耐心講了起來。

在日常的生活中，也有好多的孩子「纏」著家長讓他們給自己講這講那。一些家長由於多方面的原因，可能會對孩子的這種現象會表現出排斥，有時候甚至是呵斥。家長站在自己的角度覺得孩子知道這些內容並沒有什麼用，而且耽誤了自己手頭的工作。家長們可知道，自己對孩子的這種拒絕不僅扼殺了他的求知欲望，也傷害了他的尊嚴，因為家長並沒有和孩子站在平等的位置去進行交流，沒有給他們足夠的尊重。

孩子是一個獨立的個體，在家長看來，可能他們的想法太過幼稚，有的根本不切實際，但那正是他們內心的真實想法。孩子既然肯和你說，就代表相信你，願意你傾聽，或者希望你給出一定的參考意見，所以家長一定不要嘲笑孩子的想法，或者是果斷的拒絕，應該做到足夠的尊重。我們都知道在工作上要對主管尊重，其實對孩子來說，他也是一個「小主管」，只不過他的思想需要你的正確引導和適時的肯定，在尊重的前提下，得到健康的發展。

重點31：像包容你的主管一樣包容孩子

孩子在日常生活裡總會犯一些小的錯誤，作為家長，應該給孩子一個犯錯誤的機會。如果孩子是第一次犯錯誤，並且不知道這麼做的不是，那麼家長只需要告訴他錯的原因以及正確的方法就可以了。要是一件很明顯的錯誤，當孩子犯了之後，內心也一定會十分的愧疚和自責，作為家長，就不要過多的對孩子進行數落教訓了，應該給他一個原諒。有時候原諒比教訓更能夠讓孩子明白事情的對錯，讓他們從內心深處明白是非。

湯姆斯平時喜歡踢足球，在學校裡的時候和同學踢，在家裡沒事的時候就會在自己家的花園裡踢一會。有一次週末，他在自家花園裡踢得正起勁，結果沒有控制好力度，將足球踢到了隔壁老奶奶的花園裡，因為力道有些大，將花園裡的一盆花打爛了。這一下他可

慌了神，不知道如何是好，於是就跑回了家中，發抖的把事情告訴了爸爸，他覺得爸爸一定會打他，並且會拎著他去登門道歉，他越想越害怕。

面對兒子這樣的行為，爸爸並沒有生氣，既沒有打他也沒有罵他，只是很平靜的和他說：「這件事情爸爸不能夠幫助你，而我能夠做的就是原諒你的這次失誤，你是個男生，要學著為自己的行為負責。你自己想一想這件事情該如何解決呢？」

湯姆斯想了想，覺得爸爸說的沒錯，自己做錯的事情就應該自己解決，並且爸爸原諒了自己的這次錯誤，自己也應該好好的挽回一下過失，決定向鄰居家的老奶奶登門道歉。

湯姆斯捧著一盆一模一樣的花來到了老奶奶家，首先向她表達了自己的歉意，然後又將花擺在了院子裡那盆被打爛的花的位置上。老奶奶見孩子還小，認錯的態度也很誠懇，也就沒再追究，原諒了他。

家長的一個原諒，使本來緊張的氣氛變得寬鬆起來。孩子也沒有在犯了錯誤之後又遭到一番錯誤的懲罰，而是在家長的原諒之下明白了事情的錯誤程度，也學會了自己應該如何去解決錯誤，這樣就避免了錯上加錯的惡循環。

在孩子小的時候，對事情的認知並沒有很深刻，遇到新事物的時候，難免會因為準備不足而做得不太合理。出現一些錯誤或者偏差也在情理之中。當這個時候，家長要做的應該是給予充分的原諒和適當的幫助，而不是上來就對他非打即罵。

俗話說「事不過三」，孩子第一次犯錯誤的時候可以理解，第二次的時候也能夠諒解，到了第三次的時候家長就應該進行嚴厲的批評了。同一件事情連續犯錯，重要的已經不是錯誤本身了，而是對待事情的態度。所以家長要對孩子這種不認真不在乎的態度進行批評。

教育孩子，應該採取寬鬆和嚴厲相結合的方式。比如有的孩子會因為好奇而拆解一些家裡的電器產品，家長面對這種情況，要看到這其中積極的一方面。孩子會把它拆解，說明他對這個感興趣，家長不妨借著這個機會來給他講講其中的原理。告訴他有些東西不能隨便拆卸，拆壞了就不能運作了。這樣，在糾正孩子錯誤做法的同時，還保護了他的求知欲。

像原諒主管一樣的原諒孩子，給他們改正錯誤的一個機會，讓他們在錯誤中學到知識，更加進步。

重點32：一個微笑，好過一百個擁抱

曾經有研究表明，在人們的溝通上，有高達百分之九十三的交流是透過非語言進行的，剩下的百分之七則是語言交流。而在非語言的溝通中，有百分之五十五是透過形體的

姿勢、臉部的表情等肢體語言來進行的。由此可見，在人們的溝通中，肢體語言占據了多麼重要的地位。

在家長教育孩子方面，非語言的溝通也是相當的重要。比如一個鼓勵的眼神，一個親暱的動作，一聲柔和的問候等，都能夠讓孩子感覺到溫暖和關愛。而當孩子犯了錯誤，家長不用歇斯底里的對著孩子大聲的嘶吼，只要沉默的看他一眼，或者臉部表情變得嚴肅起來，這些非語言的溝通不僅不會造成語言溝通時的衝突和傷害，還能夠使孩子更好的反思自己的錯誤，從而及時的改正。

孩子普遍善於觀察，而且極其的敏感，所以家長在平時進行教育的時候，非語言的溝通方式往往會達到意想不到的效果。

在生活中，當家長對著孩子微笑的時候，孩子通常也會給家長一個微笑來作為回報。這樣簡單的一個微笑，不僅展現出了雙方想要表達的情感，同時也是一種表示友好的社會性行為。家長與孩子間用一個簡單的微笑來進行溝通，可以很好的消除親子之間的矛盾、衝突，以及憤怒等不良的情緒，讓壞的情緒在嘴角上揚的那一刻煙消雲散。

比如孩子犯了錯，家長如果不再採用以往的責問或者大聲呵斥的教育方式，而是微笑著對他說：「爸爸知道你已經很努力了，你也沒有想過會發生這樣的事情。但是既然事情已經發生了，那就讓我們從中吸取教訓吧，下次不犯同樣的錯誤不就可以了嗎？」這樣，平和的語氣加上真誠的微笑，能夠使孩子認識到自己錯誤的同時更加認真的分析這件錯誤，從中認識到哪裡做的不對。不僅避免了一場爭吵的發生，還維護了孩子的尊嚴，更有利於他的成長。

不僅如此，除了在孩子犯錯誤的時候用微笑來和他進行溝通，解決錯誤之外，微笑還能夠用來表達對孩子所做事情的一種認可和鼓勵。

蘭蘭今年四歲了，是個可愛恬靜的小女孩。一天她想拿擺在櫃子高處的那個玩具，但是她夠不到。於是她到隔壁房間搬來了一個小板凳，想要蹬著板凳把玩具拿下來。可是她又有點不敢，怕媽媽責怪她。這個時候她看了看媽媽，眼神裡流露出徵求的意思。媽媽並沒有說話，只是微笑著向孩子點了點頭。蘭蘭明白了媽媽的意思，於是高興的蹬上了小板凳，把玩具順利的拿了下來。

下來後，蘭蘭把小板凳放回原處。媽媽走了過來，蹲下來輕輕的摸了摸她的頭，又親了她的額頭一下，小蘭蘭也笑著親了媽媽一下。

蘭蘭和媽媽在整個的過程中並沒有一句語言的交流，不過她們之間的溝通卻很順暢，也很溫馨和諧。應該有很多的家長都很羨慕這種不著一語盡得其意的溫馨的親子關係。而

在這種關係中，微笑和點頭扮演了重要的角色。似乎就像是一種魔力，在給予孩子一種認可和鼓勵的同時，也讓孩子體會到了父母對於他的愛。

重點33：一個擁抱，好過千言萬語

人與人之間交流溝通有很多種方式，最常見的莫過於語言之間的溝通。但是，和語言溝通相比，非語言之間的交流有時候也能夠達到意想不到的效果，尤其是家長對於孩子來說，有時候非語言的交流要比語言上的交流還要有效，更能夠打動孩子的心。

非語言溝通有很多種形式，比如一個熱情的擁抱，一個溫暖的眼神，都能夠讓孩子切身感覺到來自於父母的愛。

有心理學家研究發現，任何人都會有一定程度上的「皮膚飢餓感」。當人與人之間很長時間沒有過身體上的碰觸之後，便會很渴望這種感覺。對於家長而言，在和孩子的很多方式的接觸中，有一種方式最能夠讓孩子感覺到強烈的安全感以及幸福感，那就是緊緊的抱著孩子或者摟著孩子的肩膀。

在孩子小的時候，有很多的家長都會抱一抱他，但是隨著孩子年齡的成長，家長便不會輕易的就會給一個擁抱了，基本上是由於放不開情面，覺得孩子都這麼大了，再抱有點難為情。其實家長只要突破自己心理上的障礙，努力的跨出第一步，便會獲得意想不到的效果。比如每天都堅持給孩子三個擁抱，這樣對於孩子的心理健康成長以及增進親子之間的感情都會有很好的效果。

有一位母親是一所小學的校長，她的兒子今年讀國二。有一天這位母親和一位朋友交談了起來，說自己和兒子已經有將近一個月沒有說話了，一直「冷戰」。說起來冷戰的原因也很簡單，她和她的丈夫都忙於工作，和孩子團聚的時間很少，往往對他平時的生活感到擔憂。有時候這種擔憂會反映在孩子日常的行為習慣上，有的時候是學習上。見面的時間短，而一見面就是批評居多。孩子正處在青春期，容易躁動，比較叛逆，所以每當這位母親說他的時候，他就會表現出反感，有的時候還會理直氣壯的反駁，在那種緊張的劍拔弩張的氣氛下，有時候家長剛一開口說話，他就會說：「你別說了，我知道了。」如果家長繼續的話，孩子就會說：「我就這樣了，不用你管！」所以她常常感覺到痛苦。而且再加上她自己是一位校長，教育學生的時間很長，也很成功，但是唯獨在教育自己孩子上很失敗，所以一想到這裡她就會更加的沮喪。

在這位校長和自己的朋友訴說完之後，她的朋友給她出了一個辦法，就是給孩子一個擁抱，讓她試試看，也許會有效。

這位校長在路上又想了很多和孩子之間的事情。回到家後，孩子幫她打開門，她什麼也沒有說直接將孩子摟在了懷裡，和孩子說：「你怎麼不明白媽媽的心呢？！」說完之後媽媽哭了，孩子鼻子一酸，也哭了。就這樣，母子二人哭著抱在一起，把之前的所有怨恨、敵意和彼此的不理解都消除掉了。

不得不承認，有的時候千言萬語都抵不過一個真誠、深情的擁抱。對於家長與孩子間的這種擁抱，不是一年一次，也不是一個月一次，而應該是每天一次，甚至更多。孩子在小的時候家長很容易的就擁抱他，在孩子成長的過程中，家長的這種擁抱也不應該停下來。每天無論發生了什麼事情，工作上有多忙，都可以給孩子一個溫暖的擁抱。這個擁抱在傳達給孩子溫暖和愛的同時，也會讓自己感受到力量與溫暖。

一個孩子如果總能夠接受到來自於父母的擁抱的話，那麼就會時刻的感受到來自於父母的愛。這樣的話在和父母進行交談時就會減少隔閡，使交談變得更融洽，更容易增進和父母的感情。而且，父母總擁抱孩子的話，那麼他的心理也一定是健康的，對人對事都會表現出樂觀自信的一面來。

重點34：在孩子面前不嘮叨

俗話說：「金無足赤，人無完人」，世間本沒有「完人」，每個人都有這樣那樣的缺點或者不足，對於通曉事理的大人如此，更不用說還沒有接觸社會的孩子了。孩子在成長的過程中總會犯大大小小的錯誤，如果家長在對孩子進行批評時，總是想要達到完美，那樣就會容易變成嘮叨，沒完沒了的嘮叨會使孩子更加的煩躁，不僅家長說的話聽不進去，甚至還會連自己想要做什麼都會忘了。

孩子的學習是每個家長都關心的一個大事情。學習的能力是一個方面，對於孩子來講，學習的熱情也是必不可少的。家長要想激發孩子對於學習的熱情，就要學會用正確的方法進行引導，要知道，因勢利導要好過沒完沒了的叮囑和嘮叨。太過頻繁的催促很容易使孩子產生叛逆心理，嚴重時還會喪失去學習的興趣。

對於孩子來說，「我想要去。」莫過於他們內心的想法，而在生活裡他們最不願意聽到的一句話也莫過於家長的那句「快去念書。」有的孩子怕聽到這句話是由於還沒有玩夠，不想又投入到書山學海裡面去。而有的孩子則是心裡在想：「我正想去念書呢，根本不用你催。」孩子們往往由於這句催促的話而將對於念書的熱情變得冷淡下來，甚至就像被潑了一盆冷水一樣，失去對於念書的興趣。

目前仍然有很多的家長認為孩子在讀書學習這件事情上要「逼」，不逼就出不來成績。古往今來，讀書從來就不是一件輕鬆的事。古代的時候要十年寒窗才會有出人頭地的機會。現在的學生壓力則更大，做不完的習題，來自學校、家長和社會的各方面壓力，總會將他們壓的喘不過氣來。面對這樣的情況，家長們應該想辦法培養他們對於學習的主動性和興趣。如果僅是一味的對他們進行嘮叨，催促著他們去學習，那樣很容易引起他們的反感，從而對學習的興趣打了折扣。

和傳統的教育方式相比，西方的教育方式則顯得很人性化，很自由。他們通常是給孩子營造一個便於讀書的環境，讓孩子喜歡上這種方式，發自內心的去讀書學習。接下來做的就是激勵孩子自己發現問題，然後自己動手動腦去解決。這樣的教育方式使孩子能夠在獲得知識的同時體會到快樂，從而更願意去探索新的知識。

有個小學生在他的日記裡面寫道：「我最不喜歡媽媽在我寫作業的時候站的旁邊一遍遍的嘮叨我說『把字寫得整齊一點』或者『算得對嗎?多驗算一次。』」

有位教育專家曾經說過，不要一遍又一遍的和孩子說「快去念書。」，而當孩子認真的學習的時候，也不要站在一邊說東說西的打擾他。所以，想要使孩子對於學習的欲望變得強烈的話，家長就不要過度的督促和嘮叨，用心去給他營造一個適合讀書的環境才是最主要的。

過度的嘮叨不僅會使孩子失去對於學習的興趣，還會使他們在反向心理的作用下，逐漸的產生厭學的情緒。家長在平時的時候要提起注意。

重點35：不給孩子開「空頭支票」

古人有言：「一言既出，駟馬難追。」從古至今，重承諾、講信用就是傳統美德。在家長教育孩子的過程中，也應該對孩子做到言而有信，不開「空頭支票」。家長的這種一言九鼎的做法，不僅僅是和孩子兌現了某一個承諾，更重要的是，在兌現承諾的同時，還可以培養孩子講信用、守諾言的意識，讓他們從小就具備這樣的特質，對於以後的發展具有著很重要的影響。

不過值得我們反思的是，在日常的生活中，有很多的家長並沒有對孩子信守自己的諾言。他們和孩子總是輕易的就許下了這樣那樣的諾言，但兌現的時候卻很少。時間一長，孩子對於家長的這種做法就會習慣，並且也會將這種習慣展現在自己的一言一行上，變得不遵守自己許下的諾言了。不僅如此，當家長不能兌現自己許下的諾言的時候，孩子就會對他們這種口是心非的行為生氣，還發了或大或小的脾氣，並且很難再相信他們的話。時

間一長，累積在心裡的怨氣就會影響到孩子和家長之間的和諧融洽的關係，也會使孩子對於家長的信任度有多多少少的降低。

「小笛，這一段時間好好複習，要是下次考試的時候能夠考進班上前十名，爸爸就帶你去海邊玩。」小笛今年國二了，以前的成績還可以，可是一到了國三，同學們都開始比之前更認真更努力了起來，小笛的成績有了下滑。她的爸爸很著急，眼看著就要期中考了，一定得想個辦法才行。於是就和小笛許下了這樣的諾言。

小笛從來沒有看到過大海，聽爸爸這麼一說，她高興極了。於是變得很興奮，學習也比之前更加的刻苦努力了。到了發考試成績的時候，終於如願以償，考了全班的第七名。當她拿著成績單高興的給爸爸看的時候，爸爸也相當的高興，只是絲毫沒有提起之前的承諾。當時小笛也沒好意思問，她想爸爸也許忘了，說不定第二天就想起來了。於是到了第二天，她還是焦急的等著爸爸開口，但是爸爸仍然是絲毫未提，她忍不住，最終決定向爸爸開口問去海邊的事情。

晚上的時候爸爸剛下班回到家，小笛就急急忙忙的跑到爸爸身邊，問道：「爸爸，我們什麼時候去海邊呀？」眼裡透著渴望。爸爸說：「我最近很忙，不能休假了，去不了了，以後再說吧！」聽到爸爸說不能去了，小笛著急了：「為什麼不去了？為什麼不去了？我想去嘛！」爸爸揮著手說：「去不了就是去不了，你哪有那麼多為什麼？該做什麼就去做什麼。」小笛不死心，繼續說道：「不行！你不能說話不算數，當初你答應我去的。就要去！」小笛的聲音大了一些，爸爸一聽也有些生氣了：「你怎麼這麼不聽話呢，我都說了有事情不能休假，去不了了！我說不去就不去，這件事就這麼決定了！」小笛一聽徹底失望了，邊哭邊說：「我都和我的同學說好了，說我會在海邊幫他們撿貝殼，還會給他們帶海邊的好吃的。你現在又說不去了，我怎麼跟他們說啊。」爸爸看她哭，就說道：「是爸爸的工作重要還是你的那些同學重要？我不工作怎麼給你賺錢買這買那啊？這麼不懂事呢，不去了！」

小笛很傷心的哭著回到了自己的房間，一連好幾天都沒和爸爸說話，從此她再也不相信爸爸的話了。而且課業上也沒了之前的動力，變得懈怠起來。

平時的生活裡有著不少像小笛的爸爸那樣的家長。他們的出發點是好的，希望拿一點物質上的刺激來給孩子增加學習上的動力。可是家長們許諾的時候很輕巧，到了要兌現的時候卻會有著這樣那樣的理由來推辭。這樣就使得本來很止面的激勵變得沒了音訊，給孩子造成了消極的影響。如果家長們總是在輕易的給出一個承諾之後又百般的為自己的「爽約」尋找各種藉口的時候，就會給孩子的心理造成消極的影響，從而使他們不再相信家長的

話，而且也開始學著為自己將來無法完成的事情找藉口，並不是從自身尋找原因，不進行反思改進，也就沒有進步一說了。

家長要想在孩子面前有威信，首先就要守信用，說話算數，不失信於孩子，不開「空頭支票」。

重點36：不恥下問，主動向孩子學習

在平時的親子相處中，孩子總會提出一些自己的看法，當家長覺得這種看法很幼稚，不可行的時候，總會予以全面的否定。並且總會說一句：「你個小屁孩知道什麼，我走過的橋比你走過的路還要多。這件事要聽我的。」家長總是習慣於以這種俯視的態度來對待孩子。覺得自己知道的比孩子知道的多得多，還輪不到孩子來教育自己，給自己意見。

其實這種做法是很不正確的。孩子自有他的一套理論，就算不成熟，家長也應該認真的傾聽。家長應該做到主動的向孩子學習，誇讚他的知識水準和想像能力，並且尊重孩子的興趣愛好，做到與孩子一起進步，一起成長。不僅如此，家長透過主動的向孩子學習，不恥下問，就會更加容易的走進孩子的內心世界，從而今後教育起孩子來也會更加方便，可以少走彎路。

李先生在繁華的街道邊開了一家雜貨店，由於地理位置優越，再加上他經營有方，生意一直很好。偶爾也會有外國的顧客光顧他的店。李先生雖然很熱情好客，但是由於語言不通，不能和外國的顧客很好的溝通交流，所以總是不太順利。

在一次與外國顧客交談失敗之後，他下定決心要學習英語。因為自己之前沒有任何的基礎，所以只能從頭學起。他到了家中之後，看到上國二的兒子正在背誦英文課文，於是和他說：「爸爸想學習英語，怎麼辦？」兒子一聽，高興的說：「真的？跟我學！我教你！」

那天之後，每當有時間，李先生就會和兒子一起背單字、聽聽力，父子倆相互提問、聽寫，在兒子的幫助下，李先生的英語水準提高的很快。

經過了一段時間的學習，李先生已經能夠用英文和別人交談了，雖然不是很流利，但是能夠明白對方的意思，也可以把產品用英文介紹給外國朋友，還結交了兩個外國友人。不僅如此，他的兒子的英語水準也有了顯著提高，在班上最近的考試中英語成績都是第一名。

對很多人來說，學習英語都是一件很頭痛的事情，更何況是人到中年以後在沒有一點基礎的情況下學習，這在一般人看來似乎有點困難。但是李先生卻沒有被這樣的困難所嚇

倒，他在下定決心學習後，不恥下問，積極的向自己的兒子求教，和兒子一起學習，一起進步。在父子倆這種平等上進的態度下，兒子自然也會被李先生的求學好問的精神所打動，所以父子二人都取得了自己滿意的成績。

在很多時候，家長都放不下自己的架子，不好意思向孩子低頭。並且學習是件很刻苦、需要不斷重複的事情，家長也沒有那個耐心和決心。古人云：「三人行，必有我師焉。」每個人都有自己的特長，有別人所不能比的地方，同樣孩子也是一樣，他們也有自己的特長。在現在這個行動知識大爆炸的年代，掌握知識的管道有很多，可能孩子聽說過的，學習到的，都是家長們所不曾知道的。家長也應該轉變傳統的觀念，既然自己在一些地方不如孩子懂得多，那麼就應該放下架子，虛心認真的去向孩子學習，這完全不存在「可恥」一說。相反，倒是會讓孩子覺得父母謙虛好學，從而成為孩子一個好的榜樣，讓他們在今後的學習上更加的努力。

不恥下問，主動向孩子學習，不僅會讓孩子學到父母身上優秀的特質，還會激發孩子學習的熱情，同時家長也能夠掌握一定的知識，無論是對生活還是對事業都有很好的引導作用，是一件一舉多得的事情。

重點37：父母犯錯，與孩子同「罪」

「人非聖賢，孰能無過。」每個人都會犯錯，作為父母也不例外。平日裡，當父母內心有情緒的時候，會不問緣由的向孩子發脾氣，非打即罵。事後才知道，不是罵錯了人，就是怪錯了事。當這種時候，很多的家長都會礙於情面，「矇混過關」，而不去向孩子道歉或者認錯。而孩子又是如何想的呢？一般來說，年齡比較小的孩子在受到父母無緣無故的責罵懲罰的時候，會覺得是自己做的不好，才會惹父母生氣，有時候可能也會認為自己不值得父母去愛，心理形成失落感。

當父母錯怪孩子的時候，往往內心會後悔不已。父母去向孩子認錯，也會有一定的心理障礙需要跨越。當父母犯錯的時候，不妨先搞清楚事情的來龍去脈，明白自己為什麼會這樣做，今後應該怎樣做才可以避免。接下來就可以調整好自己的情緒和狀態，先原諒自己，然後再去和孩子真誠的道歉，努力化解與孩子之間的隔閡和矛盾，與他和好。

中午的時候媽媽正在廚房裡炒菜，忽然聽到「砰噹」的一聲響，於是急匆匆的從廚房裡跑了出來。她看到那個大花瓶被打碎了，而且地上還有一個球。媽媽不分青紅皂白的說：「你想做什麼，一天天的不乖，不是弄壞這就是弄壞那，什麼時候才能正常一點？！」

孩子聽到媽媽這麼說，委屈的哭道：「這又不是我弄得，你怎麼這麼說我。」媽媽聽兒

子這麼說，火更大了，「你還敢撒謊，還不承認！」就在這個時候，外面有人來敲門，是幾個小孩子，他們一起來道歉來了。經過那幾個孩子一說，媽媽才知道原來球是他們幾個踢的，並不關自己兒子的事，自己錯怪了兒子。這個時候媽媽有些尷尬，覺得有點難為情，站在那裡不知道如何是好。

這個時候孩子委屈的說：「媽媽，你怎麼總是不分青紅皂白的責怪我呢？我雖然也會做錯事，但是我也有誠實的時候啊，我那個時候你怎麼不獎勵我呢？」聽到孩子這麼說，媽媽先是感到很驚訝，然後覺得也很對不起孩子，她反思了一下，自己之前確實很少獎勵過孩子，只是動不動就責備他。媽媽很內疚，於是蹲下來撫摸著孩子的頭說：「是媽媽的不對，媽媽知道錯了，以後你做對了事情媽媽一定獎勵你。但是不要驕傲哦，做錯了事情還是要懲罰的。」說完用手指從他的鼻梁上滑了下來。兒子聽到媽媽這樣說，既驚訝又高興，然後親了媽媽一下。從那之後，他變得更加懂事了，做事情也比之前更有分寸，總是受到媽媽的獎勵。

父母在意識到自己情緒失控以後的第一反應往往是感覺到「自責」，他們覺得不應該這樣對孩子，而且接下來就會害怕，怕孩子與他之間的關係會受到影響，嚴重時甚至會破裂。同時還會想到自己的這種做法會使孩子的心理受到創傷，甚至開始不信任自己。種種念頭掠過腦海，家長會感覺到有些不知所措。

父母犯錯，與孩子同「罪」。當家長錯怪孩子的時候，可能會想很多種方法來彌補自己的過錯，從而修復與孩子之間的關係。但是這只是表面上的和好，並沒有從根本上解決問題。家長要做的應該是先反思一下自己的過錯在哪，認真的回想自己當時的情緒，說過的話，從根本上找出讓自己生氣的原因，然後再去和孩子真誠的道歉，說明自己不該那樣做。這樣，家長找到了錯誤的根本，學會了如何才能夠平復自己的不良情緒，那麼下次再有類似情況的時候就會用更好的辦法來解決。

第四章　把孩子「趕」出溫室，風雨後可見彩虹

重點38：溫室中的花朵，難經風雨

孩子的獨立生活能力是一個老生常談的話題，現在在社會上仍然是一個亟待解決的不小的問題。

每到大學開學，總會看到家長替孩子背著大包小包去報到的新聞，而在我們身邊，那些幼兒園的部分孩子們不會自己穿衣服，不能自己順利的吃飯的例子數不勝數。其實這都是我們的家長一味的嬌慣孩子的結果。家長的保護是一個溫室，孩子是在裡面成長的花朵，這些花朵雖然外表光鮮，但是卻很難經歷風雨，如果一到外面去，可能就會立即枯萎。

在動物界，「家長」在教育自己的孩子時往往是不留情面的，因為大自然的生存環境惡劣，適者生存，如果自己的本領不夠強，那麼只有被敵人迫害追殺的後果。就以老鷹來說，牠對於不敢飛翔的小鷹是從不留情面的，老鷹抓起小鷹就會扔下懸崖，而小鷹由於害怕，只得不停的搧動翅膀，牠沒想到的是，這一搧動，竟然順勢飛了起來，原來，飛翔的感覺這麼好。

生活中總會有強者和弱者之分，而強者不是生來就強，也不是嬌慣出來的，而是在歷練中成長，在挫折中成熟起來的。動物們尚且懂得這個道理，難道我們人類要遜色於動物嗎？

溫室裡的花朵難經風雨，而山上的野花卻能夠沐浴到陽光，彰顯出生命的力量來。大自然就是在適者生存的法則下不斷的鬥爭、不斷的淘汰，才有了如今和諧的環境的。我們應該向大自然學習，對孩子放手，讓他們自己去經歷風雨。這樣也能夠早日的適應社會，具備自己處理事情的能力，只有這樣，才能夠對自己的未來充滿信心，在困難艱險中越挫越勇。

重點39：不經歷風雨，怎能看見彩虹

我們在生活中經常會看到這樣的場景：走在馬路上，一個活潑好動的孩子又蹦又跳，突然不小心摔倒了，於是就在地上哭了起來，緊跟著的爸爸媽媽心疼孩子，於是馬上走過去將他抱起來，然後還不算完，抱起來以後還不斷的秀秀，直到買了好多的零食他才算「甘休」。孩子這個時候是停下來不哭了，可是家長很有可能會互相責備起來：為什麼當初沒有看好孩子？

孩子平時受點小挫折，跌跌撞撞的很正常。這個時候除了他的傷勢以外，最重要的就是家長作為最重要的旁觀者的態度。如果家長立刻去扶起來孩子，並且買好吃的好玩的來「安撫」他，經過幾次之後，他就會知道原來這樣是有好處的，即使自己能主動站起來，也

會賴在地上。幼兒期是孩子個性形成的關鍵時期，這個時候家長過多的保護並不是真正的愛，而有意的讓他去受點挫折和苦痛才是真正的愛。孩子只有嘗過了苦痛的味道，才會知道人生的不容易，並且學會在挫折中接受教育。

麗麗有一次和爸爸媽媽一起去大海邊玩，她是第一次看見大海，很興奮，於是就沿著海邊跑了起來，有時候浪花會打過來漫過她的腳丫，她一邊跑一邊笑，將爸爸媽媽拋在了身後。

跑著跑著，麗麗不小心被腳底下的石頭給絆倒了，摔在了沙灘上，而且腳上還流了血，疼得她直掉眼淚。這個時候媽媽心疼的不行，恨不得立刻帶她去醫院檢查。可是爸爸阻止了媽媽，他走到麗麗的跟前，看了看她的傷口說：「沒事，這點小傷口打不倒我們堅強的麗麗的。」然後掏出一包面紙給了她，讓她自己擦乾淨。麗麗看了看爸爸的眼睛，變得堅強了好多，於是擦了擦傷口。

麗麗爸爸的做法就很正確，在孩子受了傷以後，並沒有表現出很緊張的表情來，而是讓孩子鎮靜下來自己處理。這樣孩子就會覺得，這點小傷痛算不得什麼。相反，要是爸爸沒有阻止媽媽，媽媽將她送到了醫院，本來不大的事情也會嚇出事情來。那樣的話，以後麗麗再受了點傷痛挫折就會很害怕，不能夠冷靜下來自己去處理。

孩子受點挫折傷痛很正常，家長也不用大驚小怪，給予適當的關心和保護，然後讓孩子自己去處理，這樣才有利於他迅速的成長起來。

想要見到彩虹，那麼就讓孩子去經歷風雨吧。

重點40：幫孩子建一座難以摧垮的責任「堡壘」

在孩子還沒有上學之前，他並不能夠理解自己對於家庭的責任。而且在這個年齡層，雖然他不能夠完成複雜的勞動，但是卻總想要和父母一樣看起來忙碌。當孩子跟在你的身後忙這忙那時，不要嫌他礙手礙腳，而要從積極的方面去理解他。孩子愛勞動，想要證明自己價值的這種行為，只要家長引導的得當，那麼將來他就會成為一個負有責任感的人。

那麼家長要如何正確的引導孩子呢？

第一，把勞動當成遊戲。從前有一家人要蓋穀倉，全村人都來幫忙，後來主人就招待大家一起聚會，不僅穀倉蓋的很順利，村民的感情也得到了鞏固。這說明，當勞動的過程既熱鬧又有趣的時候，大家會做的更起勁。而在家事勞動中，有時候孩子覺得這並不是一種勞動，而更像是一種遊戲，就像洗衣服，他雖然洗得不是很乾淨，但卻是由於喜歡玩水才一件又一件的洗起來。

第二，多給孩子肯定，少給他命令。當孩子想要去外面玩樂的時候，家長可以說：「你先把作業寫完，然後就可以去玩了。」而不要說：「你要是寫不完作業，就甭想出去玩。」很顯然，第一種回答的效果要好些。這樣，他就會知道自己什麼時候該做什麼，什麼時候不該做什麼。

第三，不要吝嗇表揚。孩子很希望透過自己的努力來證明自己，在這個過程中，家長的表揚無疑會達到關鍵性的作用。當表揚的時候應該盡量具體，比如：「你把零用錢都放的存錢筒裡了，做的真好！」而不是簡單的一句：「不錯！」

第四，給孩子鍛鍊的機會。一些家長為了節省自己或孩子的時間，好多本該孩子自己做的事情都要家長代辦，比如不讓他整理碗筷，不讓他自己疊被子等。這些看上去是在為他節省時間，但實際上卻是在剝奪他鍛鍊學習的機會。勞動是一個循序漸進、熟能生巧的過程，家長應該給孩子一定的時間和機會去鍛鍊，而不是禁錮他，然後埋怨。

第五，多選擇適合孩子年齡的事情給他做。孩子太小的時候，不適合做一些特別難的事情，那樣只會打消他的積極性，讓他備受挫折感。家長可以從一些小事情上培養鍛鍊他，小的事情完成的好了，孩子就會產生自豪感，再做一些事情的時候也會更加的自信。

透過這些小重點的培養和鍛鍊，只要家長耐心指導，孩子就能變得越來越有責任感，從而在自己的心裡形成一道難以摧垮的堡壘。

重點41：幫助孩子打造一顆堅強的心

孩子是每個家庭生命的延續，是一個家庭的希望與未來。應該說，每一個家長都是愛自己的孩子的，可是好多的家長對於孩子的愛並不正確，在家長錯誤的愛之下，孩子不僅不會感受到自己想要的愛，這在以後還會阻礙到孩子的自我發展，甚至對於他的性格以及習慣的形成都有著很深的影響。

家長拼命的工作，恨不得給孩子賺一座金山來，可是，錢就算再多，也有花完的那一天，並且好多事情是錢所解決不了的。要知道，幫孩子打造一顆堅強的心，要遠比給他物質上的財富好的多。當孩子有了一顆堅強勇敢的心之後，那麼他就可以憑藉自己的智慧和意志來為自己賺一個美好的未來，這對他來說才應該是最大的價值。

曾經有一個失意的年輕人去向禪師求教如何才能夠成功。禪師給了他一顆花生，說：「你用力捏捏看。」青年照做了，然後將花生的殼捏碎了，剩下裹著紅膜的花生仁。這個時候禪師點頭示意他繼續，於是青年把花生外面的那一層膜也搓掉了。這個時候只剩下了白嫩的果實。但是，無論他怎麼用力，他都不能把那顆果實捏碎。

禪師說：「一個人的外在能力就像是花生的外殼和那層紅膜，當遭受打擊和挫敗時，這些都可能會失去，但是不要緊，因為你還有一顆無堅不摧的堅強的心，它是任何東西都打敗不了的，有了它，你的夢想就會有實現的希望。」

現在的社會有著太多的磨練與壓力，一些人在遭受挫折以後很容易變得灰心喪氣，有的還會怨天尤人，出現這些情況都是由於他們沒有一顆堅強的心的緣故。

在孩子三歲左右的時候，他的語言能力發展得很迅速，對待事情也有了一定的判斷能力和解決能力。在這個時候，家長不妨向他滲透一種要「堅強」的理念，畢竟教育和生活是密不可分的。以自己的實際行動告訴他，沒有什麼事情是過不去的，也沒有什麼事情能夠將自己打倒。

幫助孩子打造一顆堅強的心，這樣他在遇到困難時就會變得獨立有思想，從而不懼怕任何的困難，這樣一來，還怕他不會成功嗎？

重點42：保護得越好，他越是容易跌倒

家長保護孩子的方式有很多種，有的適當及時，有的則顯得過度。對於過度保護，也要分場合。像平時在家庭裡，對於孩子起居這方面的過度保護行為，家長往往能夠自己察

覺到，有時候還會自我反思一下；但是對於家庭之外的過度保護行為，家長們一般就很難察覺了。

像平時，當孩子與朋友之間發生口角，產生爭執時，家長為了孩子們的安全，往往會第一時間做出反應，上前去干預他們的行為。對於先發起攻擊的孩子，有的家長會一臉嚴肅的說：「你不可以這樣欺負妹妹弟弟！你們要好好玩，如果再這樣的話，叔叔就不高興了，不讓弟弟和你玩了。」家長以為這樣嚴厲的制止能夠讓孩子們和平相處，但是其實這也屬於一種過度保護。

對於類似的情況，家長的這種處理方式，雖然表面上看上去見效很快，可以很好的保護到受到攻擊的一方，將激烈的衝突化解掉，但是卻存在著很多隱藏的問題。因為當家長總是第一時間站出來以這樣的方式去干預去解決問題的時候，孩子們嘗試著自我解決，將關係協調，認識和修正自己行為的機會就被剝奪了。他們很有可能會因此而形成依賴家長的習慣，事情不自己想辦法解決，只等家長來干預，這樣自己不但省時省力，還有可能因此被家長帶著去吃大餐，「補償」一下所受的委屈。而當他嘗到了這種「甜頭」以後，便會形成一個依賴，當家長不在自己身邊時，自己就會感覺到無所適從，有時候甚至可能會一時衝動而反應過度，形成不可挽回的局面。

對孩子保護得越好，讓他吃到太多的「甜頭」，就會使他不能接受，不能解決生活中的「苦」。家長以為保護會使他走得更順利，其實反而會使他更加容易跌倒。

重點43：保護太過，會讓孩子放棄成長

有首歌唱到：「我不想長大。」這可能也是很多孩子的內心寫照。他們拒絕長大，很大的可能是怕受到傷害，而這種心理的產生與父母的過度保護不無關係。

保護孩子是父母的天職，那麼，什麼情況算是過度保護呢？比如在家裡，不讓孩子碰這個，也不能做那個，對他們說得最多的就是：「等你長大了再說。」如果去公園，家長覺得什麼都危險，不能玩不能摸的，孩子只能是繞著公園走一圈。而當孩子想和自己的小朋友們玩樂的時候，家長會說誰誰不愛乾淨，誰誰愛打架等，總是阻攔。放學的時候也要自己親自去接，不讓他和同學一起回來。這樣時間久了，孩子就沒有玩伴，會很孤立。除了家長之外，沒有朋友。

在家庭裡，家長也不讓他做家事，這樣他就不知道什麼事情好做，什麼不好做，什麼應該做，什麼不危險。而到了社會上以後，不願意與人交談，待人接物沒有經驗，也不知道誰值得信賴。要是偶爾參加一次團體活動，也不知道自己能做什麼，總是感覺參與

不進去。

曾經有一對化學家夫婦，他們的兒子出生以後他們照顧的十分謹慎和周密，每次給孩子吃的食物他們都要進行嚴格的消毒才放心，喝的水也是經過了很多遍的過濾，如果孩子偶爾吃一次沒有經過消毒的食品，他們就會很擔心，互相責怪，還嚴厲的教育孩子不要吃那些食品。在這樣的保護下長大的孩子按理說應該很健康才對，可結果卻出人意料，孩子由於長時間吃消毒的食品，身體沒有一點的抵抗力，後來不到五歲，就夭折了。

這是一個家長過度保護孩子的典型例子。家長覺得自己的這種保護很安全，只有吃經過消毒的食品孩子的健康才有保障，甚至當孩子偶爾吃一次未經消毒的食品時都要嚴厲的警告。最終孩子沒能健康的活下去，這就是家長過度保護所帶來的惡果。

家長的過度保護，會導致孩子在心理成長上變慢甚至出現短暫的停滯。生活中就總會看到一些讀國中的青少年，思想上很幼稚，心理就像是在幼兒階段一樣。這樣的孩子在人際社交的過程中一般總會遇到各種問題。當與人發生矛盾或者衝突時，會習慣於回家找父母尋求幫助，自己從來沒有想過解決辦法。這樣的孩子對父母產生了過度的依賴，而對於自身能力的提高卻沒有想法。

對孩子不要保護得太過頭，否則會使他放棄成長。

重點44：孩子不是事事都需要庇護

有這樣一個問題經常會被人提問道：一個在家長庇護的環境下長大的孩子，他的自尊心是不是特別的強，平時也受不了一點的委屈，對於社會的環境也不能很好的適應？

的確，一個被慣壞了的孩子，他的承受能力往往很差。家長過度的庇護，也會使孩子容易養成任性、自私的性格。

小蓮今年七歲了，平時很乖巧，很討人喜歡。爸爸媽媽也是什麼事情都向著她，在家裡誇讚她，到了外面朋友家做客也是處處庇護她，總對朋友說她哪裡哪裡好，哪裡哪裡優秀。小蓮就是這麼在誇讚褒獎聲中長大的。

有一次小蓮在班上上課時被老師叫起來回答問題，由於她沒有認真聽課，站起來以後根本不知道老師問的是什麼題目，所以她直接說了一個：「我不會。」老師知道她沒有認真聽課，於是就說：「嗯，你先站一會，聽一下別的同學是怎麼回答的。」於是又叫起了另外一個學生回答。小蓮覺得自己站著很沒有面子，也感覺很尷尬，所以就低著頭拿著筆在自己的桌子上亂畫著什麼。那個學生回答完了，老師問她：「小蓮，這個題目聽懂了嗎？」她回答說：「明白了。」然後老師就讓她坐下了。坐下以後，她並沒有認真聽課，而且還鬧起了小情緒。

回到家以後，她的情緒還沒有消退，一臉的不高興。爸爸媽媽問她怎麼了，她不懷好氣的說：「老師真討厭，讓我罰站了好幾分鐘。哼。」爸爸媽媽問了問情況，說：「嗯，老師真是的，真討厭。來，不生氣了，我們吃好吃的嘍。」就這樣順著她的心思哄了好一會她才高興了起來。

家長對孩子進行一定的庇護，可以維護他的自尊，幫他建立起自信。但是這並不是說每件事情都要給予庇護，而且孩子也不是每件事情都需要得到家長的庇護。當孩子犯了錯誤，價值觀出現了偏差的時候，家長應該及時的給出指正，這個時候就不應該再一味的順著孩子的心思來討好他，這個時候的討好是害了他。而當孩子進入到青春期的時候，他們渴望獨立，渴望被認可，渴望家長能夠像對待大人一樣的對待他，而不再像是個永遠長不大的小孩子一樣被保護，所以這個時候，他們往往想要掙脫父母的懷抱，自由的翱翔，家長也應該適時的張開庇護的翅膀，給孩子一個自由的空間。

重點45：過剩的愛，造就「唯我獨尊」的他

現在的幼兒園裡經常出現這樣的一種現象，當孩子得到一種自己喜歡的玩具時，就獨自霸占著，不和別的小朋友們分享，而一些小孩也是見到自己喜歡的就要，如果別人不給

就直接哭，或者是去老師那裡告狀。

這種現象幾乎在每一個幼兒園裡都有出現過，孩子們缺乏分享的意識，有點「唯我獨尊」，而造成這種現象的主要原因就是由於家長們過剩的愛所引起的。

人是一種群居動物，任何人都不能脫離社會而獨自存活。現在的孩子所處的家庭條件和社會條件都要比前些年要優越得多。父母給了最好的物質保障，孩子在獲得良好教育的同時，卻變得越來越孤獨起來。有些缺乏兄弟姐妹的生活經驗，這種與人分享的美德得不到訓練和彰顯。而且大人們往往存在一種「他還小，讓著他」的心理，所以久而久之，孩子自我擴展的意識會加強，覺得除了自己的身體是自己的之外，爸爸媽媽的東西、玩具等也都是自己的，別人不能碰。這樣就使孩子形成了「唯我獨尊」的心理。如果不及時的制止並且幫助其改正，對他以後的成長很不利。

那麼作為家長，應該如何解決這種情況呢？

首先，要給孩子樹立一個懂得分享的榜樣。愛模仿應該是每個孩子共有的特點。家長想要改變孩子的一種習慣，不妨給他找一個好的榜樣來學習，一個活生生的榜樣要好過單純的說教。比如當鄰居家的小朋友來家裡做客時，家長可以告訴他把玩具拿出來和小朋友一起玩；而當他有零食時，可以說：「可以分給我一些嗎？」當他感受到分享的樂趣之後，便會主動的進行分享，不再「占地為王」。

然後，可以多給孩子創造一些機會。由於現在的孩子有些是獨生子女，所以家長可以經常帶著孩子到朋友家做客，讓孩子和朋友家的孩子一起玩樂；或者是在週末讓孩子比較要好的同學和他們的家長，一起來一次聚餐。這些都有利於孩子之間增進情誼，學會分享。

最後，家長要及時的對孩子分享的行為給予強化。比如當他把玩具分給小朋友了之後，家長便可以對他說：「你們倆一起玩是不是很高興呀？有好玩的一起玩，這樣才有意思對不對？」透過家長的這種強化，孩子便會增強這種分享意識，從而形成主動與別人分享的動機與行為。

經過這樣的努力，相信孩子便會懂得分享，不再「唯我獨尊」了。

重點46：對孩子過度保護是一種傷害

家長保護孩子，孩子情願或不情願的在保護之下成長，這樣一來，他們的「兒童階段」就要比別人的要長很多，有的都已經成年了，卻仍然不能自立，少了家人的陪伴就感覺到惶恐不安。

曾經有一次國際少年探險夏令營，都是些國中生。有一位記者追蹤採訪，他問到一名

十四歲的的男孩。記者問：「你們和國外的孩子相比，你覺得在露營野炊上誰更勝一籌？」男孩說：「國外他們吧。」「為什麼呢？」記者追問道。「我覺得這可能是遺傳，」然後又接著說「在家裡，爸爸媽媽為了讓我有更多的時間來讀書學習，什麼都不讓我做，我想切菜，他們怕我切著手，所以不讓我動刀；想自己洗一兩件衣服吧，他們說不用你洗，直接扔洗衣機裡就可以；有時候檯燈的插座接觸不良了，我剛想要去看一下，還沒完全站起來，他們看見了就會大聲說『別電到』，然後就制止了我。好多事情我也想自己解決，可是他們也不給我機會呀。就像現在，在沒有出發以前大家都興致勃勃的，可是到了露營野炊的時候卻沒有幾個真正做的好的。」

這個孩子說的應該是大部分家長都存在的問題。家長對孩子過度的保護，對他們其實是一種傷害。孩子在成長的過程中，不能只有「酸甜」而缺少了「苦辣」，每一種風味都要體驗，每一次經歷都有營養。家長的包辦，確實節省了不少時間，但最終的結果卻是使孩子軟弱無能，沒有了基本的生活能力，那樣的話，就算是學業成績再好又有什麼用呢？

對孩子的過度保護，不僅打壓了孩子的自主意識，還會使他的依賴心理變強，這些對他來說是一種傷害，很不利於他們成長。家長應該及時引起注意。

重點47：適當的「挫折感」，有助孩子成長

說起愛孩子來，應該說每個家長都有說不完的話，而且大部分的家長想到的也是盡自己的所能給孩子提供物質上的保障和滿足。當然，這是必不可少的一個方面，不過，除了物質上的滿足之外，家長也應該注重孩子精神上的教育。

在眾多的教育裡，挫折教育是其中的一種。說起挫折教育，一些家長會人為的和孩子較勁，為他們設置障礙，好讓他們服輸。有的甚至會用很嚴厲的手段來「打擊」孩子，他們只是想讓孩子明白，要想見彩虹，就必須得經歷一段風雨才可以。只是在這些孩子裡，能夠理解父母用心良苦的卻少之又少。

在孩子十歲以前，他會經歷人生中的很多第一次，而這每一個第一次其實都是一種接受挫折教育的大好機會。在這個過程中，家長應該給予足夠的支持和理解，否則就會使挫折帶來的傷害大於它應該具有的益處。那樣的話，「整」孩子的方式不僅達不到教育他的作用，還會給他的成長帶來一定的創傷。

那麼應該怎樣給孩子帶來正確的挫折教育呢？其實，挫折教育並沒有那麼複雜，它要做的只是還原生活本來的面目而已，讓孩子在自然的狀態下明白生活中的苦與樂，順與逆。作為家長，既不應該給孩子鋪上一條毫無障礙的平坦大道，也不應該一味的製造坎坷

來考驗孩子，而是能夠平靜的陪伴著孩子一起走人生的路。自然的生長環境要比任何人為刻意製造的要好得多，家長們在教育孩子的過程中，只需要堅守一個原則，那就是讓孩子自然成長，既不要過度的保護，也不要一味的打擊，家長舒心，孩子愉快，才是和諧幸福的成長環境。

那麼在平時，家長應該怎麼做呢？首先，要讓孩子自己面對事情，不能事事都家長代辦，要讓孩子自己學著面對，家長可以幫助他一時，但卻幫不了他一輩子。然後，不要以打擊孩子和挫傷他的積極性的方式來給他製造挫折。適當的挫折應該是可以激發孩子的積極性的，那才是正確的挫折以及正確的面對挫折的反應。如果家長人為設計的「陷阱」太過的話，那麼勢必會影響到孩子。

孩子在成長的過程中受點打擊是必要的，而且不能讓他白受，要讓他從中明白挫折背後的意義，這要遠比挫折本身重要。而且當孩子受到挫折以後，家長也不要用批評的態度來對他進行指責的教育，而應該給予一定的理解，幫助孩子分析並且解決問題。

重點48：摔倒了，別扶他

當孩子跌倒以後，家長應該如何做呢？有的認為應該扶起，可是又擔心他會產生依賴心理，以後的性格會太嬌氣；有的認為不應該扶起，但是又怕摔得嚴重，自己的這種「冷眼旁觀」會讓孩子對自己的態度變得冷漠。所以家長往往會產生很矛盾的心理。

一個合格的家長應該是善於觀察的，對於孩子的舉動有著很敏銳的觀察力。當孩子跌倒以後，如果是在家裡的地板上、地毯上等，一般來說並不會嚴重，這個時候家長應該在一旁不動聲色的觀察。如果孩子看看你，而你也沒有說什麼的話，他可能自己就站起來了；而要是很心疼的來一句「哎呦」，孩子可能會立刻的哭起來，而這個哭並不是因為摔得疼，而多半是被家長的反應給嚇壞的。

當孩子處於學步期的時候最容易跌倒，他們對這個世界充滿了好奇，總想著自己去探索，於是就到處走。如果家長對孩子平時的小跌小撞並沒有什麼大驚小怪，很泰然處之的態度的話，那麼大多數情況下孩子會自己爬起來，拍拍身上的土，然後繼續玩。而有的孩子的依賴性比較強，總想著爸爸媽媽能夠在自己跌倒的第一時間將自己抱起來，安慰自己，這個時候，家長也可以蹲在他身邊，用溫柔的態度和鼓勵的眼神看著他說：「寶寶自己站起來，來吧，站起來媽媽再抱著你。」這種方法也不錯。

雖然有的時候孩子跌倒以後並不需要家長去扶，但是在孩子起來以後家長也應該去檢查一下他的身體。看他的身上哪裡有傷痕，詢問他有什麼不舒服的地方沒有，還要檢查他

的全身關節是不是有問題。比如讓他做蹲起的動作，然後伸展胳膊，活動手腕、左右轉頭等。如果這些情況都沒有的話，也不能夠掉以輕心，還要繼續觀察兩天，如果兩天之後的大小便並沒有異常的話，那麼就表示沒有事，如果有異常，比如大便顏色發黑，小便顏色呈現血色或者黑色的時候，家長一定要將孩子第一時間送往醫院檢查。

孩子跌倒以後不扶他，確實可以讓他養成自立自強的品德，不嬌氣、不懦弱。但是作為家長，在平時也應該多對孩子進行一些體能上的訓練，讓他們學會在跌撞的時候如何保護自己。比如當遇到緊急情況的時候，一定要保護好眼睛和頭等。家長應該多給孩子講一些應急反應，並且有意識的訓練他，加強他的手腳平衡能力。孩子自身的體能素養提高了，家長便不用再擔心他跌倒了。

重點49：讓孩子「吃點苦」

每一個家長都十分的疼孩子，好多家長對於孩子的愛展現在不讓他吃一點苦。髒衣服不用自己洗，被子不用自己疊，有的家長給的理由是：「疊被子會浪費時間，怕他上學遲到。」這簡直就是偏袒、溺愛孩子的一個根本不能成立的理由。但是好多的家長卻是這麼做的。

當家長把孩子視為掌上明珠時，孩子便不會吃到一點苦，優越的生活環境與日後殘酷的社會環境有著很大的區別。這種區別會讓在溫室裡長大的孩子承受不住，接受不了。試想一下，一個不能很好的適應社會環境的人，又如何能談成功呢？

在古代就十分的重視孩子吃苦的重要性。孟子覺得，吃苦是一個人成才的必備前提。他說：「天將降大任於斯人也，必先苦其心志，勞其筋骨，餓其體膚，空乏其身，行拂亂其所為。」這是對歷經磨難才能成功的最好的詮釋。古代的文人也都是寒窗苦讀十載，才能夠考取一個功名，為社會貢獻自己的一份光和熱。另外，像宋代的開封府縣令包拯，清末的重臣曾國藩，都十分的重視吃苦這件事，他們都把吃苦看作是教育後代修身養性的一門必修課。

在國外，家長們都十分重視孩子的吃苦教育，比如冬大游泳，在雪地裡鍛鍊等，這些都是磨練孩子意志的方法。和他們相比，我們的家長們更多的還是「捨不得」，捨不得孩子餓著，捨不得孩子凍著，總之是不願意讓孩子受一點苦。家長的這種過度保護和寵愛，使孩子逐漸喪失了自主的意識，開始「炫富」、「啃老」等。缺失了吃苦教育，孩子的成長就會走上歧途，影響他今後的發展。

孩子的兒童和少年時期是他成長的基礎階段，這對於他性格的養成有著極其重要的作

用。家長在這個階段裡不妨有意識的給孩子製造一些困難，讓他吃點苦。人生本不是一帆風順的，孩子吃過了苦，嘗到了艱辛，就會懂得應該如何享受生活，珍惜現在的所有。透過吃苦，孩子的德行特質也會得到磨練，生存的本領也會有所提高。這些對於他日後的成長都有著極大的幫助。

第五章　警惕「富」面效應，不讓孩子做金錢的奴隸

重點50：讓孩子知道賺錢和花錢一樣快樂

古代女子被稱作「千金」，一些大家閨秀舉止端莊，被幾個丫鬟簇擁著，在外人看來，她們是「千金小姐」，高不可攀。到了今天，一些家長們在稱呼自己的女兒的時候也會用「小公主」這樣讚美的稱呼。從古至今，對待女孩的這種稱呼好像聽上去都與金錢和物質有著多多少少的關係。

很多家長都渴望自己的女兒能夠端莊典雅，落落大方，而這種特質的形成其實與金錢的多少並沒有太大的關係。自古以來，這種特質的形成都離不開正確健康的家庭教育，只有父母們引導對了，孩子才會積極向上，成為真正的「公主」和「千金」。

在孩子的教育過程中，總免不了「錢」這個話題。小孩子要成長，需要這樣那樣的費用，從買奶粉、買衣服，到買玩具、買零食、買教材、日常用品等，家長們每年在孩子們身上會投入大量的金錢，但是卻也心甘情願，只是為了看著孩子更加茁壯健康的成長。

說起錢來，孩子在很長的一段時間裡都是消費者，他們並沒有足夠的時間與能力去到外面賺錢，而且家長們也不希望自己的孩子因為打點零工而耽誤了學業。那麼，怎樣才能夠讓孩子在很小的時候就對錢產生一個比較初級但是正確的認識呢？讓他們除了在花錢時感覺到快樂之外，也能夠體會到賺錢是一種既辛苦又快樂的事情。

莉莉今年十歲了，平時學業成績很好，在學校總是受到老師的表揚，對待學習很認真，可是回到家裡卻有點懶惰，並不怎麼做家事。

爸爸媽媽覺得她的學業成績還可以，但是不能一味的學習，在平時也應該多些勞動。而且對於女孩來講，成績好只是一個方面，最重要的是要有高貴的氣質。於是夫妻兩人開始考慮要培養莉莉做點什麼，對她進行「富養」的教育政策。

夫妻倆想來想去，覺得有一個方法既簡單又可行，那就是讓莉莉透過自己的勞動和行為來「賺錢」，這樣既緩解了她繁重枯燥的學習生活，也能夠讓她在勞動中感受到賺錢的快樂。於是兩個人把莉莉叫到身邊，對她說：「我們看你學習很辛苦，決定給你一些獎勵，但是這個獎勵是與你的表現連動的，如果表現得好，那麼就會獎勵你一顆小星星，一顆小星星就代表著十塊錢，這樣你自己透過努力就可以慢慢存賺錢，以後買點文具或者喜歡的東西，你說好不好？」莉莉聽了這個提議，覺得還不錯，於是就答應了。

從那以後，莉莉明顯的有了進步的表現，比如把自己的房間整理的乾乾淨淨的，回到家以後先寫作業，吃完飯後整理桌子，刷洗碗筷等。透過積極的表現，莉莉也收穫了屬於自己的小星星，這樣一週下來以後她就可以拿小星星和爸爸媽媽兌換金錢。當然，如果她不想換的話，也可以存著，把小星星放在一個罐子裡，等需要錢的時候再和爸爸媽媽兌

換。而當她的錢對她來講足夠充足的時候，她也可以選擇不換成錢，而是換做娛樂的時間，比如可以玩一下手機遊戲等。

透過一段時間的勞動與獎勵，莉莉不僅提高了做事的效率，而且還明白了只有透過自己的勞動與努力才會換來金錢，才能夠享受更豐富的物質娛樂生活。並且在勞動中還養成了小心謹慎的習慣，她也明白了，只有透過自己的努力，才會贏得他人的肯定的這個道理。

從古至今，對於女孩都提倡要「富養」，但是很多的家長並不了解如何「富養」，他們只是一味的給予孩子物質上的滿足，使她們享受富足沒有擔憂的物質生活，但並沒有讓她們明白怎樣才能夠賺取金錢，這樣富足的物質生活又是怎樣獲得的。孩子在小的時候，也許會問父母一些關於錢的問題，如果父母告訴她們錢是辛辛苦苦賺來的話，她們也許並不能夠完全理解怎樣才算辛苦。不過，要是讓她們透過自己的勞動來親自感受一下怎樣才能夠賺到錢的話，這種感覺會更直觀，然後在她們小的時候就會知道賺錢不容易，但是只要是透過努力，就會有收穫。

重點51：物質獎勵要適當

現在的好多家長為了讓孩子喜歡上學習，往往會想出很多的方法，這其中最常見的就是對孩子進行物質上的「誘惑」，在這些「誘惑」面前，孩子們也大都會靜下心來學習，爭取拿到爸爸媽媽給的獎勵。

有不少家長在孩子考試以前都會和孩子許諾，比如這次考進前三名獎勵你一個新書包，考第一的話帶你去哪裡哪裡旅遊等等。想必很多家長都曾經對孩子說過這樣的話。這種物質的獎勵確實能夠激發孩子學習的熱情，但是真的能夠從根本上提高他們學習的能力和對學習的熱愛嗎？

亮亮今年讀六年級，很快就要升國中了。他的成績在班上屬於中等，平時有些貪玩，對待學習有些不上心。爸爸媽媽很為他著急，兩人經過商量，決定對他進行「威逼利誘」，邊督促辦進行物質上的獎勵，也許會達到一定的效果。

在一天吃飯的時候，他們和亮亮說，只要這次考試考進班上的前十名，就送他智慧型手機。亮亮一聽高興壞了，連忙點頭答應了，說沒問題。

結果從那以後的一個多月的時間裡，亮亮開始變得勤奮起來，原來扔在一邊的買了很久但是沒有做過幾頁的習題也重新做了起來，一下子就像變了個人似的。爸爸媽媽看在眼裡，很高興。在期中考試的時候，他果然考進了前十名，當他拿著成績單給父母看時，父母都很高興。這個時候亮亮說：「你們要求我的我做到啦，我的智慧型手機呢？」爸爸媽媽

為了實現自己當初許下的諾言，只好買了智慧型手機給他。拿到智慧型手機的那一刻，亮亮超開心。

但是自從他有了智慧型手機以後，每天開始玩手機遊戲，時間也一天天的延長。有時候邊寫作業邊玩，甚至上課也不認真聽講了，只要一有空就會掏出手機看看。慢慢的，玩手機上了癮，不按時睡覺，整天上課都沒有精神。在期末考試的時候成績都大幅退步了。他的爸爸媽媽都為之前的這個承諾而後悔。

適當的物質獎勵對孩子來說也是一種不錯的鼓勵，但是如果沒有選擇好獎勵的物品的話，很容易使孩子進步一個空間之後很快的下滑，亮亮就是一個很好的例子。家長在給孩子許諾的時候，應該根據孩子的需要去承諾，選不好獎勵的物品，對孩子來說是一個愛的陷阱。現在電子產品也越來越多，幾乎人手一支智慧型手機，種類和功能都很有誘惑力。家長在把這類產品給孩子當做禮物送給他們的時候，也要和他「約法三章」。什麼時候能玩，什麼時候不能玩，對於玩的時間可以有規定，當表現好的時候就多獎勵點時間，這也不失為一個方法。這一點對於那些自制力不是很好的孩子來說尤為重要，家長們要提起注意。

另外還要提醒一些家長，許諾是件很慎重和嚴肅的事情，對孩子要做到一諾千金，失信於孩子會對他造成很大的不良影響。在平時，有很多的父母可能會對自己的承諾「縮水」，或者是因為一些特殊的原因而不能夠完成自己當初的諾言時，一定不要含混過關，要向孩子講清道理，好好解釋，並且給孩子一個道歉，或是彼此商量更換獎勵。

重點52：警惕孩子的虛榮浮躁

孩子在小的時候，很容易受外界環境的感染。並且她們體會不到父母的辛苦，在她們的眼裡只有朋友們，朋友們去哪裡玩，吃的什麼，穿的什麼，用的什麼樣子的書包等等，這些都是小孩子們平時關心的事情。當自己的穿戴或所用趕不上身邊的朋友們的話，她們的心裡就會產生落差，然後很容易形成虛榮的心態，遇事浮躁，靜不下心來。

今年七歲的茵茵剛剛讀小學，她長得很漂亮，家裡的條件也很好，所以她的衣服也還不少，平時總是換著穿，走出去時別人也是常常誇讚。因為家裡就這麼一個寶貝女兒，所以爸爸媽媽平時也都是對她疼愛有加，不讓她做一點家事。這樣久而久之，小茵茵就覺得很幸福，自己就像是個公主一樣。

平時的時候，小茵茵去上學都是爸爸開車送去，下班時也是爸爸開車來接，當車停在學校門口的時候，她總是跳著蹦著去上車。有一天下午放學，因為爸爸公司加班沒有時間

來接她，便讓爺爺來接。爺爺平時在家裡也沒事，就騎著自行車過來了。爺爺過來的有點早，離放學還有一段時間，他就在門口抽起了菸等著。過了一會放學了，在老遠就能看到小茵茵和同學說說笑笑的，爺爺很高興，招呼她過來。可是當她看到等自己的不是爸爸，而是推著自行車穿著樸素的爺爺的時候，她有些不高興了，不理爺爺，自己徑直往前走，爺爺就在後面推著自行車追她。可是小茵茵非但不坐車，還對爺爺吼了起來。

爺爺本來是高高興興的去接自己的孫女下學的，可是非但孫女不領情，還遭到了她的冷眼對待。爺爺感覺又尷尬又氣憤，於是第二天一大早便整理行李回老家了。茵茵的爸爸後來知道了事情的經過，責備起茵茵來。可誰知她的那個不滿還沒有消除，理直氣壯的說：「誰叫爺爺穿成那樣邋遢，還推著一輛破自行車，以往都是你去接我的，萬一讓同學看到我，多沒面子呀。」

爸爸真沒想到她一個小丫頭竟然會有這種想法，但是卻也沒有辦法，還不是因為自己平時太溺愛她了。

想必這樣的例子在日常的生活中也有很多，父母把孩子當成寶似的捧著，在保護她們不讓其受一點委屈和傷害的時候，也慢慢的把她們嬌慣壞了，使得她們變得愛慕虛榮，遇事浮躁，聽不進去別人的意見。

很多的家長在面對這種情況的時候，也許會說：「沒事，孩子還小，長大了就好了。」但是如果還是一味的嬌慣著她的話，在她長大以後勢必會更任性、更聽不進去別人的意見和建議，甚至自以為是的性格。這些壞毛病和習慣足以毀了孩子的一生。

女孩是需要「富養」的，但卻不能長久的去「嬌慣」，如果她要什麼就給她什麼，時間長了便很容易罹患「公主病」，任性妄為、愛慕虛榮。在孩子的成長過程中，尤其是對女孩來說，嬌慣和縱容絕對是一件很危險的事情，一旦她形成了依賴和習慣，就會影響她的自我發展。而情況嚴重時還會使她的特質出現問題，比如不尊重人，無理取鬧，不知道孝敬等，這些都會使她的人生道路走彎。

重點53：不讓孩子在金錢中迷失

社會在進步，有錢人也越來越多。很多的有錢人對於自己的孩子的教育甚至看得比自己的事業還要重要。如果教育不得當，很可能出現花錢如流水的「紈褲子弟」。這樣不僅自己辛辛苦苦打下來的天下守不住，孩子的一生也會葬送。

自古就有一種很傳統的說法，叫做「從來富貴多嬌女」。不難想像，古代的那些深閨之中的富家女們，她們身邊總是有一群丫頭伺候著，每一個丫頭都要對她們畢恭畢敬的喊

著「小姐」，她們生性嬌弱，每天除了化妝打扮以外並沒有其他的能力，在家裡有父母嬌慣著，丫鬟伺候著，嫁人以後又會依賴丈夫，並不懂得為丈夫分擔一些。想必家長們都不希望自己的女兒成為那種樣子吧。

應該說每個人都喜歡金錢，對於孩子來說，他們對於錢的概念還很模糊，很容易在金錢中迷失。家長們也要明白，「窮養兒，富養女」的「富」，並不等於用過多的物質和金錢來養育女兒，女孩雖然不比男孩要強，但是也要學會獨立，也要掌握一定的生存技能，依靠別人的錢來生活並不是一個明智的做法，用「金錢」蓋起來的堡壘也有可能會隨時倒塌，只有人格獨立，思想獨立了，作為一個女孩，她才能夠成為一個優秀的人，而不是被嬌慣壞了的「千金小姐」。

一位很有成就的企業家曾經講過這樣的故事。他說他有一個女兒，在大家的眼裡，他的女兒一定是幸福的，因為他這位做父親的能夠滿足女兒的幾乎所有願望。可其實並不是。這位企業家說，我看到過很多這樣的女孩，她們的家境不錯，人長得也漂亮，追求的人也很多，所以人就有點傲慢所以，把自己想像成高高在上的公主，每個人都得捧著。她們其實除了漂亮之外什麼能力也沒有，只是仰仗著家裡有錢，所以就什麼都不放在眼裡，還看不起那些辛勤工作的人。

大家應該都不喜歡甚至是討厭這樣的女孩，更不希望自己的女兒成為那種樣子。我在我女兒小的時候，為了不讓她有那種虛榮驕傲的「公主」的感覺，便給她傳遞著一種思想和觀念。我經常會告訴她，你現在擁有的一切都是我們給的，其實這些並不屬於你，你要做的是要讓自己變得優秀起來，透過自己的能力去賺錢，那樣別人才會尊重你，並且是發自內心的讚美你。錢雖然可以做很多的事情，但並不是萬能的，人與人之間是平等的，交幾個真心的朋友比你手裡有更多的錢有時候更重要。

我經常給她灌輸這樣的觀念，就是不想讓她在金錢裡迷失。錢的誘惑力很大，尤其是對於涉世未深的女孩來講，給她們一個正確的引導，那樣就算她們是含著「金湯匙」長大的，也不會迷失方向。「富貴病」是最要不得的一種病，一個積極向上的人要比有錢但是內心貧瘠的人更幸福、更優秀。

在如今這個崇拜金錢的思想充斥左右的社會裡，作為孩子的家長必須要認清和面對一個事實，就是自己的孩子，特別是小女孩，很容易患上「富貴病」。愛孩子，願意給她最好的，這是每一個家長的內心寫照，但是有時候這種愛會走偏，使自己的孩子沒有變得堅強勇敢，反而是嬌弱虛榮。對待這種現象，家長們應該提高警覺，在孩子小的時候就要時常告訴她，永遠不要遺失那些最無價最寶貴的特質。要懂得尊重他人，對人要有禮貌，

這些特質遠比金錢要重要。因為擁有了這些特質，才會成為一個人人讚美，並且是高尚純粹的人。

重點54：孩子的美，不是「富麗堂皇」

每一個家長都是愛著自己的孩子的，他們希望自己的孩子能夠穿最漂亮的衣服，每天都帥氣漂亮。還要上最好的學校，接受最好的教育。

不知道家長們是否想過，要如何給自己的孩子物質上的財富。有的男孩的家長說，只要孩子不要誤入歧途就行了。而對一些女孩的家長來說，除了不要誤入歧途之外，家長們更希望自己的寶貝女兒將來能夠幸福和快樂。應該每一位家長都希望自己的女兒能有一個好的歸宿，有人真心的疼她、愛她，讓她幸福快樂的生活吧。而同時，一個被幸福和快樂所包圍的女生，她所擁有的能量是無窮的，在家庭裡，她可以感染每一位家庭成員，而在工作上，也會取得不一般的成就。對於家長而言，能夠給自己的女兒帶去幸福和快樂，讓她們具備了這樣的能力，那麼要比給她們更多物質上的財富還要好，因為具備了幸福和快樂的能力之後，你就會發現，原來她才是最大的「財富」。

家長在教育自己的孩子的時候，一定要給他輸入正確的人生觀和價值觀，當發現自己的孩子的人生觀和價值觀發生了偏差的時候也要及時的進行修正。物質上的財富最終只是表面的東西，要能夠讓孩子領悟更深層次的人生內涵。

曾經有一位年輕的媽媽分享過這樣的一個事情：

她的女兒今年七歲了，有一天女兒對她說：「媽媽，我長大了想要做個有錢人，要有好多好多的錢。」這位媽媽先是一愣，然後慢慢的問她道：「你想要那麼多的錢做什麼呢？」女兒邊眨著眼睛邊說：「有錢多好呀，有錢了以後就可以每天都穿漂亮的衣服，買好多好多的玩具，然後吃好多好多的零食，還有漂亮的跑車可以開，多好呀。」

這位年輕的媽媽聽到女兒這樣的回答後說道：「嗯，照你這麼說有錢是很好。不過你還記不記得媽媽每次帶你去玩的時候總會看到很多穿的不如你好，沒有飯吃也沒有地方住的哥哥姐姐啊，還有你看電視裡，有那麼多的孩子他們都沒有書讀，你想不想幫助他們呀？」

女兒想了想，然後點了點頭。

然後這位媽媽繼續對她說道：「那麼是不是等你長大了有錢了就可以幫助他們了呢？當你看到那麼多的人因為你的幫助而變得高興的時候，是不是要比你自己花錢來買自己喜歡的東西還要高興呢？」小女兒聽後很開心的點了點頭。

那天之後，女兒還是想要將來有很多很多的錢，不過不是為了給自己買好吃的好玩的了，而是可以用來幫助更多的人，讓更多的人來獲得快樂和幸福。

孩子的世界是簡單的，他們總會提出這樣或者那樣的想法出來，當家長聽到自己的孩子有了新奇的想法之後，不要急著定義這種想法的對與錯，而是要給予正確的引導。孩子對於「錢」和「美」的概念很簡單很模糊。他們覺得穿的漂亮就是美，對於小孩子來說也無可厚非。但是家長要進行引導，透過引導來讓他們知道，一個人真正的美並不是外表的「富麗堂皇」，而是來自於內心。內心的富足與美麗要比物質上的光鮮亮麗要有分量的多。

重點55：讓孩子懂得勤儉節約

有些人們口袋的錢富餘了，在平時的吃喝上就沒有那麼小心翼翼了。往往是吃不完的就倒掉，勤儉節約的美德已經被人們漸漸的淡忘了。有些家長的浪費行為被孩子一一的看在眼裡，他們也跟著模仿起來。所以，父母一個漫不經心的動作可能都會使孩子形成一個不好的習慣。在這裡，要提醒那些平時揮霍無度習慣的家長們，節儉是一種很好的美德，無論怎樣，都要考慮照顧到孩子的感受，因為節儉是一點一滴的行為習慣，它能夠影響孩子的一生。

如果家長們認為一點一滴的小重點太過瑣碎，很容易被忽視和忘掉的話，那麼也可以給自己的孩子上一場特別的教育課。孩子們太小，受到的關愛又太過滿，家長們總是竭盡所能的去保護他們，「衣來伸手飯來張口」的日子使他們根本體會不到什麼才是真正的貧窮，他們不知道那是一種什麼滋味，從而也就不會知道勤儉節約這種美德對於生活的意義有多麼的重要了。孩子的成長是一個漫長的過程，除了需要家長的竭力保護之外，還可以時不時的來一點「苦肉計」，讓他們嘗嘗「苦痛」和「貧窮」的滋味，只有切身體會過那種苦，才會更加珍惜這來之不易的甜。所以，讓孩子們吃點苦也不是什麼壞事。

九歲的小樂樂平時總愛吃點零食，而且還喜歡讓媽媽給她買些絨毛玩具，小丫頭乖巧可愛，但有一個小毛病，就是不知道節約，一張白紙沒寫過幾個字就扔掉了，橡皮擦和鉛筆等文具也是用幾次就會換新的。對她的這種行為，媽媽總是說教她，她口頭上也會答應的很好，但是過不了多久就會又忘了。有時候媽媽真拿她沒有辦法。

又是一個暑假，小樂樂在家裡把作業寫完了，可是假期還有很長的時間，也不知道該怎樣度過。於是媽媽想到了一個很好的方法，把她帶到農村的爺爺奶奶家，讓她在農村居住一段時間，感受一下田園的生活，也讓她和自己的哥哥姐姐們一起有個相處的機會。

本來媽媽還有點不放心，小樂樂平時在家裡有零食可以吃，也有電腦和智慧型手機可

以玩，這一下子把她寄養在了農村，真不知道她能夠堅持幾天。但是她的這種疑慮很快的就消失了，因為當她給小樂樂打電話詢問她在農村過的怎麼樣時，小樂樂非常高興的告訴她說：「媽媽，我太喜歡這裡啦，哥哥姐姐們對我很好，我們成天一起玩，我這幾天經常餵小兔子吃青菜，小兔子好白好可愛呀。」

經過將近一個月的農村生活，小樂樂學到了很多的農家知識，還學會了一些簡單的務農，生長在空氣清新的田園裡，雖然沒有美味的零食和精美的玩具，但是她的身體變得比之前更加健康了，最主要的是，她把農村孩子的那種勤勞節儉的生活習慣帶了回來，現在已經丟掉了之前的那種浪費的習慣。

不得不承認，生活環境對於一個孩子的影響是相當大的。並且孩子的可塑性很強，在一個良好健康的環境中成長，對她的性格有著很好的塑造影響作用。現在的孩子生活得環境簡直能夠用「比蜜還要甜」來形容，在溫室中長大，在全家人的關愛呵護下成長，她很難懂得勤儉節約，所以也就會有了浪費，甚至是與別人進行比較。對待孩子最好的教育不是說教，而是讓她們親身去經歷，去體驗「苦痛」和「貧窮」，只有切身的經歷，她們才會更好的明白節儉的重要。

重點56：不要給孩子太多的物質滿足，我們不是「養豬」

如今有很多的家長對孩子都是寵愛有加，盡可能的給孩子提供舒適富足的生活條件。由於家中都是一個孩子，所以父母的愛便全部集中到他的身上，這就有很大的可能會使父母的愛發生偏差，如果沒有慎重的考慮，對孩子的物質給予沒有一定的原則和方式，那麼就會給孩子的成長造成影響。

在過去的時候，物質生活都很匱乏，雖然艱苦的條件讓那時的孩子們在成長上有很多不方便的地方，但是他們長成以後全都是很勇敢和堅強的。但是反觀現在的孩子，家長給的愛太豐富，物質上的滿足使得孩子變得「欲壑難填」，他們也變得更加的「貪婪」。就拿智慧型手機、電視遊戲機來說，可謂日新月異，它對孩子的誘惑力是相當的大的。如果家長一味的滿足孩子的要求，那麼不僅會使他的學業成績下降，而且長期玩電子產品對於他們的眼睛也很有害處。

其次，父母一味的滿足孩子的要求，會使孩子變得懶惰起來，不會主動的進行思考。家長給孩子的太多的時候，會使孩子失去自己思考以及創作的熱情和能力，動手動腦的次數和能力會極大的減弱。手指的活動與大腦的思維是有著很大的聯繫的。我們知道孩子總是奇思妙想的，他們如果自己動手完成一項作品的話，會十分的高興，這個時候家長再給

予適當的鼓勵和肯定，就會激發出孩子的創作熱情，有利於他自己思考。但如果父母總是給，就會扼殺孩子的動手以及思考能力，慢慢的使他們變得懶惰起來。

另外，家長把孩子養成了一種習慣以後，當孩子得不到滿足的時候，他們是不能夠忍受那種痛苦的。如果家長想盡了一切辦法來滿足孩子的願望，以此來希望使孩子能夠幸福時，其實很多時候孩子都不會「領情」，他們會覺得這是應該的，而且當家長給的越多，孩子想要的也會越多，並且願望會越來越大，從最初的書包、衣服，到後來的昂貴的手機等。現實生活中，能力總是有限的，但是欲望卻是無邊的。父母總會因為一定的原因而有不能滿足孩子的願望的時候，那個時候孩子便不能夠理解，甚至是不能忍受這種落差，而父母那個時候只能說：「都被我慣壞了。」

還有就是，一個被「慣壞了」的孩子，他對欲望的滿足會看成是理所當然的。對待生活的態度消極懶惰，並沒有未雨綢繆的想法，事情來了就慌亂的不知所措。這樣的孩子長大以後，會時常以自我為中心，不能夠很好的與身邊的人進行溝通合作，因為他們要的是地位和面子，在處理事情上沒有想過要怎樣去努力，所以他們也很難有一番成就。

對孩子的物質滿足一定要講究原則和方法，並不是給的越多孩子就越幸福。別忘了，家長有拒絕的權利，而且孩子也應該學會被拒絕，在受挫中成長也不是一件壞事。

重點57：讓孩子明白賺錢不易

現在人們的生活水準在不斷的提高，物質上比從前更加的富足，而且很多家庭中也都是只有一個孩子，所以當孩子向家長提出一些要求時，家長也都會盡量的去滿足。有的孩子被家長慣久了之後，便會有了自己的小脾氣，只要是見到自己喜歡的東西，不管家長的意見，也不顧這件玩具的價格，只會吵著鬧著要。

其實，孩子的這種任性與不講道理有很多種原因，而其中很重要的一點就是他們根本不了解那件玩具或者那件商品的價格到底怎樣，他們沒有經濟能力和觀念，所依靠的只是父母，覺得父母什麼都可以滿足他們。他們從小只是花錢，從來沒有賺過錢的經歷，體會不到賺錢的不容易。所以，家長若是想要孩子擺脫這種見什麼想要什麼的行為，不妨大膽的進行一下嘗試，鼓勵孩子走出去，體驗一下生活，讓他們感受一下賺錢的不容易。

小華今年六歲了，平時爸爸媽媽會帶著他去逛個街。有一天，一家三口出去散步，當走到一個轉角的時候，有一位老爺爺在賣報紙，各種各樣的報紙有很多。小華的媽媽給了他一百元，叫他去買十份報紙回來。小華拿著錢去找老爺爺，挑了幾份當天的晚報拿了回來。爸爸媽媽和他說，將這幾份報紙按照原價再賣出去，如果在不到半個小時的時間裡賣出的話就請他吃肯德基，不知道小華能不能完成這個任務？爸爸媽媽鼓勵的看著他，小華

也心血來潮，很想試一試。於是他欣然的答應了。

小華找了一個人多比較大的地方，在那裡拿著幾份報紙，他本以為這幾份報紙會很快的就賣完了，但是來往的人們行走的都很匆忙，根本不會在意他這個舉著報紙的小孩子。過了一會，小華剛才的興致也消退了不少，他沮喪的回過頭看著在一旁的爸爸媽媽。爸爸媽媽知道他這是在求助，於是走了過來，陪著他一起賣報紙。後來在爸爸媽媽的幫助下，這幾份報紙才好不容易的賣了出去。小華長舒了一口氣，彷彿完成了一項重大的任務。這個時候爸爸媽媽讓他去問剛才的那位老爺爺，一份報紙可以賺多少錢。小華走了過去，經過詢問才知道，原來一份報紙只能夠賺兩塊到三塊錢。小華有些吃驚，然後安靜了下來，自己算起了數學：在這裡待了這麼長時間，又是向路人吆喝，又是站著的，很累，可到頭來才賺了這麼一點點錢。都不夠自己平時一包零食的錢。想著想著，小華好像明白了不少，他對父母說：「爸爸媽媽，今天的肯德基我們就不要吃啦，而且我以後也不會再隨便的亂花錢了，錢太不好賺了。我以後要存錢，哪怕是一塊錢我都要好好的存起來。」看著小華一下子明白了這麼多，父母很高興，於是一家三口很開心的回家了。

當家長們費盡口舌的給孩子講不要亂花錢，要勤儉的時候，不如給孩子提供一次機會，讓他們走出家門，去體驗體驗生活，讓他們靠自己的能力去賺一次錢。當一向花慣了父母的錢的孩子知道賺錢不是那麼容易得時候，他自然就會知道不要揮霍的花錢了，也會不自覺的形成勤儉的好習慣。

另外，除了給孩子一個賺錢的機會讓他們去體驗之外，家長們還可以帶著他們去農村或者是工廠，去參觀一下，讓他們真真切切的感受到賺錢的辛苦。當孩子親眼所見之後，他們便會更直觀更真切的感受到自己的吃的、穿的和用的都來之不易，每一分錢都是透過辛勤的勞動換取來的，自己一個不經意的浪費，都是不珍惜別人勞動成果的展現，然後由別人會想到自己，這樣孩子從小就會知道賺錢不容易了，也會明白自己想要的就要透過自己的勞動與努力去爭取了，這樣他的價值觀也會變得積極向上。

重點58：不讓孩子安於現狀，他應懷有憂患意識

想必大家都聽過孟子的那句：「生於憂患，死於安樂」吧。早在兩千年前，他就提出了這樣的生存觀點。在現在，這種觀點仍然適用。

什麼是憂患意識呢？它是指一個人對未來的一種預見和防範意識，並且在這種意識下會產生危機感和責任感。

美國的前總統雷根在十一歲的時候，有一次在外面踢足球，不小心把鄰居家的玻璃給

打碎了，當時鄰居要求他進行賠償。小雷根無奈只得找到了父親，父親對他說：「既然做錯了事情，就要為這件事情所負責，不能逃避。我可以給你錢來進行償還，但是這是借給你的，等到一年之後你必須要還給我。」小雷根拿著從父親那裡借來的錢，到了鄰居家進行了償還。之後的時間，他便開始邊打工賺錢邊讀書，不辭辛勞，因為他和父親之間有個承諾，他要完成自己的諾言。

有的家長覺得雷根的父親有這個必要嗎？打碎了一塊玻璃又沒有很多錢。其實這不是錢多錢少的問題，重要的是要從小培養孩子的憂患意識，讓他們從小就知道錢不是那麼容易得來的，犯了錯誤要自己去承擔，也要自己想辦法償還。錢如果不去賺，總有用完的一天，在培養他們憂患意識的同時，也培養了他們獨立生活以及合理的理財能力，一舉多得。

說起憂患意識，不得不說危機感和責任感。有的家長認為，孩子這麼小，用得著告訴他這麼深刻的道理嗎？其實這是很有必要的。從小告訴他這樣的意識，對他的一生都是有很大的影響的。尤其是對男孩來講，富有責任心是一件必須要學會的事情，有了責任心，才能夠帶給家人更多的安全感，有了責任心，事業上也才會更容易成功。

在這個飛速發展的世紀，家長們對待孩子的教育也要緊跟時代，不能停留在過去的老套的教育模式裡。孩子的可塑性很強，人生觀和價值觀還沒有完全的成形，所以家長們應該在他們小的時候就培養這種憂患的意識。

家長們在給孩子提供物質滿足，給他們庇護的同時，也應該時不時的放開來，讓他們吃點苦。古語有言：「苦其心志，勞其筋骨，餓其體膚，空乏其身，行拂亂其所為，所以動心忍性，增益其所不能。」只有經受了挫折和失敗，知道什麼是苦才會更加能體會什麼是甜。讓孩子們認識到幸福生活的來之不易，只有透過辛勤的勞動和智慧才能夠創造出財富來。當一個孩子具有了憂患意識以後，他再對待困難的時候就會有比較正確的認識，從而在生活中不斷的提高自己，使自己變得更加的強大。

雖然對於一個孩子來說，在童年的時候要開心和快樂，不用承擔起太多的責任，但是家長們在教育自己孩子的時候應該不時的將憂患的意識灌輸到他的思想中去，讓他學會主動思考問題，做事情的時候要有危機感和責任感。其實這些問題在一些小的事情上就可以展現出來，比如可以培養自己的孩子存零用錢，積少成多，當真正需要的時候，這些原來的零錢就能夠達到很大的作用。這就是一種憂患意識在平時生活中的展現。

重點59：讓孩子遠離虛榮比較

如今的物質生活水準提高了，人們富裕了起來，生活得比從前要好很多，而對待自己

家的「大寶」，更是疼愛有加，往往是家長寵著孩子的同時，還有爺爺奶奶和外公外婆，他們對孩子的要求往往是「言聽計從」，孩子要什麼他們就給買什麼，在物質上滿足全家的大寶貝。有時候看到別的小朋友有這個玩具而自己沒有，便會哭著鬧著要求家長買，完全不考慮實際的情況，有時候只是因為別人有而自己沒有，當買來了之後，也是玩個一兩天就扔在一邊不理了。有了禮物，孩子自然就會高興，但是如果一個不開心，家長沒有滿足他的要求，便會耍脾氣。久而久之，孩子便被慣壞了，尤其是在父母那裡受了委屈，便會跑到爺爺奶奶那裡告狀、撒嬌，這時候爺爺奶奶就會買好吃的和玩具來哄他，如此往復，就形成了惡性循環。

小亮今年讀六年級了，是全家人的掌上明珠，平時也算乖巧，但就是有個小脾氣，因為家裡就這麼一個孩子，父母對他也是能滿足的就滿足。

有一次父母帶著他去逛超市，剛巧碰上同班的小樂，小樂抱著一款最新出的遙控飛機正要付帳回家。他們兩個見到以後便聊了起來。小樂的家庭條件比較好，玩具更是多得數不過來。小亮之前去過他家裡玩，當看到他的那些自己沒有的玩具時，不免有些心動，也想讓父母給自己買，可是央求了很久都沒有成功。這次親眼看到小樂又買了一款最新的遙控飛機，小亮終於控制不住了，在超市裡向父母央求，又耍起了脾氣。無論父母說什麼他都聽不進去，執意要買和小樂同款的那架遙控飛機。父母沒有辦法，只好買回去。

小亮想要的玩具到手了，高興的回到了家中，但是沒有玩幾天便失去了興趣，把那架飛機閒置在一旁。

虛榮心每個人都有，比較也是生活中的一種常態，很多時候，這件物品並不是自己想要的，但是只因為一個「誰誰誰也有」，自己就非得買回來。對待孩子，虛榮和比較更是要健康的引導和控制。當一件物品有利於孩子的成長，並且是不可或缺的時候，我想幾乎每一位家長都會不遺餘力的去滿足孩子的需要。但是，如今的很多孩子向家長索要的都是些可有可無的東西，他們有的時候甚至不喜歡，只是因為某某同學有一個一模一樣的。家長在滿足了孩子的這樣虛榮心後，並不會使他得到滿足，反而是使他變得更加的嬌慣，使他意識不到自己想要的要靠自己去爭取。

其實孩子的虛榮心是成長過程中一種很正常的現象，只要家長進行正確的引導，就能夠使虛榮心轉變為進取心，讓孩子變得更加積極向上。如果家長不反思，不重視，任其發展，那麼就很有可能成為孩子成長中的羈絆，影響他的自我發展。

孩子的虛榮心產生的原因有很多種，而與家庭的影響更是密不可分。那麼如何才可以規避孩子的這種心態，使他們健康發展呢？第一，父母要做好榜樣，不和別人比較，這樣

孩子便不會模仿；第二，可以轉移孩子的注意力，挖掘他們的興趣，讓他們在其他的方面有所發展，這樣當孩子在一些方面取得了小成績時，便會增強自信，降低虛榮心；第三，正確、客觀的認識自己的孩子，不要盲目的誇大，適度和正確的誇讚會利於他的成長，也會降低他的虛榮比較的狀態。第四，可以多帶孩子出去走走，多接觸社會，在了解社會群體的同時使他們認識到自己的角色，在認清自己的同時也會更加積極向上，減少虛榮。

另外，適當的虛榮心也是使孩子積極進取的一種內在的動力。家長在遇到孩子提出的要求時，也應該合理的引導，用寬容的心去接納他們的想法，給他們的虛榮心一些適當的空間，只有正確的引導，才會使他們健康的成長。

重點60：引導孩子建立自己的金錢觀

在現代的社會，要想很好的生活，就要具備一定的金錢觀念和理財能力，這是一種素養，也應該是每個人要具備的一種能力。

不過孩子的這種能力的培養說來並不簡單，社會上的看法也有很多，我們時常會聽到各種各樣的聲音：「孩子要是有了錢，一定會形成愛慕虛榮的心態」，「孩子這麼早接觸社會幹嘛？」這些都是大家經常會聽到的關於孩子理財的聲音與回饋。

孩子是否會變得愛慕虛榮、愛比較，和接觸金錢的早晚並沒有太大的關係。相反，一個有著正確的金錢觀念和理財能力的孩子，在生活中反倒是更容易養成勤儉節約、樸素的生活習慣。

孩子從小在家裡受到爸爸媽媽的呵護，等到將來長大成家，如果沒有一點理財能力的話，生活上就會很被動，幸福也會不穩固。我們經常會看到這樣的例子，在日常的生活中可謂屢見不鮮。

關於理財，父母也不應該只是狹隘的認為是教孩子簡單的花錢和賺錢，而是培養他對於金錢的觀念，讓孩子感受到父母賺錢的不容易，從而也不失為一個孝順、體諒父母，懂得理性消費，遇事積極向上的很好的途徑。

有一天吃過晚餐，小甜甜問爸爸：「爸爸，你一個月可以賺多少錢啊？」爸爸一愣，板著臉回答她道：「小孩子不要問這個。」爸爸生冷的回答讓小甜甜很不高興，於是她回到了自己的房間。

媽媽在廚房裡聽到了他們的對話，於是放下手中的碗筷，來到小甜甜的房間裡，對她說道：「我們家裡呢並不富裕，但是也不貧窮。錢都是我和你爸爸辛苦賺來的，只要我們努力，我們就能夠比一些人家要富裕，當然，比我們家有錢的人家還有很多。小甜甜長大

以後只要努力也可以賺很多錢啊。」聽了媽媽的話，小甜甜才逐漸消氣。

其實很多的家長在面臨自己的孩子問這個問題的時候，都會採取小甜甜的爸爸的那種回答，他們認為孩子還太小，錢的事情知道太多不僅俗氣，還會使他形成愛慕虛榮和與人比較的不良的習慣，所以往往會採取那種生冷的回答。

相比甜甜爸爸的回答，媽媽的回答顯然要機智巧妙得多。她的回答不僅使孩子知道自己生活得幸福美滿是由於爸爸媽媽的辛苦努力的工作，讓孩子在潛意識裡更加的體諒爸爸媽媽，還傳達給了一種健康積極的意識，那就是只要和爸爸媽媽一起努力，日子就會越來越好。

重點61：讓孩子認識金錢的兩面性

「天下熙熙，皆為利來；天下攘攘，皆為利往」，一個「利」字道出了這個社會的本質。如今是一個高速發展的商品社會，有了金錢的流動，人們才能夠生活，社會才能夠發展和進步。金錢是人們賴以生存的一個根源，沒有錢就不能夠生活，但是這並不是說生活就是為了錢。

有的人為了生活得更好而努力奔波著，辛勤的勞動與智慧讓他們擁有了金錢，從而改善了自己的生活。有錢總是好的，但是有的人卻為金錢所累，成為了金錢的奴隸。一個人無論生前多麼的富有，在他死後他是帶不走一分錢的。但是現實中卻常常存在著這樣的一個問題，就是金錢可以把人帶進墳墓。而且，錢是買不到自由的，但是有的人為了獲得錢卻願意賣掉自由。

對於現在的家長而言，從小就給孩子一個正確的金錢的概念是很重要的。尤其是對小女孩而言，家長更應該告訴她金錢的兩面性。

有一天吃完晚餐，小茹問爸爸，「爸爸，有錢好嗎？」爸爸覺得七歲的女兒能夠提出這樣的一個問題很好，於是決定跟她好好的講講關於錢的問題。

於是爸爸問道：「那你覺得有錢好嗎？」小茹說：「當然好了呀，你看，有錢了就可以買好多好多的東西，吃的呀，玩的呀，可以想做什麼就做什麼，多開心呀。」爸爸笑著說：「嗯，有錢了是很開心，可以買到你想要的很多的東西，但是你知不知道有好多的東西是錢所買不到的呢？」小茹眨了眨眼睛，疑惑著說：「有嗎？」「當然有啦，你看，錢雖然可以買得到房子，但是買不到家；可以買得到名聲，但是買不到真才實學；可以買到一張很舒服的床，但是買不到很好的睡眠；可以買到藥物，但是買不到健康；它還買不來陽光和空氣，也買不來幸福。」

被爸爸這麼一說，小茹有些似懂非懂。她想了一會說：「嗯，看來錢不是萬能的，也有它買不到的東西。」

錢很奇怪，也很簡單。有錢的人總怕人知道他到底有多少錢，而沒有錢的人則怕別人知道他沒有錢。有錢的人看上一件東西就買，而沒錢的人只能根據自己手裡的錢來買東西。當我們沒有錢的時候，我們會想我們想要什麼。而當真正有錢了以後，就會想自己還缺少什麼。至於說錢簡單，其實說到底它還是一個數字，並不複雜，而它的複雜則是來源於社會以及人情的各個方面。

對於家長來說，一定要教導好自己的孩子正確的對待金錢的觀念，告訴他們錢是一體兩面的，它能夠完成很多事情，也可以把一個人墮落。。錢少了沒關係，可以透過自己的勞動去賺，但是一定不要想透過邪門歪道來獲取。賺錢是一種能力，這種能力本身要比擁有多少錢還要可貴。另外，花錢也是一門藝術，沒有節制和計畫的花錢，就算擁有的再多也會有窮竭的那一天。坐吃山空不是辦法，只有會花錢，透過錢生錢，才能獲得更長久的利益發展。

一個既有錢又有頭腦的人，他會透過手裡的錢給自己帶來幸福。而一個只有錢沒有頭腦的人，他擁有的錢越多，帶來的不幸就會越大。

當家長們給自己的孩子講述了金錢的一體兩面之後，那麼對她的一生都會大有幫助，不至於為金錢所累，也會活的更開心和快樂。

重點 62：帶著功利思想教育不出好孩子

應該說父母們都希望自己的孩子能夠成才，希望他們的未來能夠更加精彩，往往會投入大量的時間和錢財在孩子的教育上面。但是在這些投入進行前，家長們是否問過自己，為什麼要培養自己的孩子這些東西？有的是為了讓孩子圓自己當初沒有實現的夢想；有的是為了能夠博得別人的讚許；也有的只是為了一個「面子」。

孩子接受好的教育和才藝的訓練本是好事，但是這其中並不能參雜太多的功利色彩，無論是想讓孩子替自己實現夢想，還是為自己博得更大的面子，對孩子來說都是不公平的。這個問題處理不好，很有可能會對孩子造成壓力，甚至還會造成傷害。

莎莎是大家眼中的「才女」，字寫得漂亮，每門功課都很優秀，並且會唱歌，還會彈鋼琴。每次班上有文康活動她都會參加，為大家展示自己的才藝。有一次考試，她的成績還不錯，有的同學也很羨慕，但是她對自己的好朋友說，她一點也不開心，因為成績提高後就要一直保持，而且父母又給她制定了更高的目標要她下次的時候達到，她很沮喪，時常

想要放棄。

過了一段時間以後，又經過了一次考試，這一次她並沒有進步，反而退步了很多。當她把成績單拿回家給父母看時，爸爸媽媽很失望。莎莎沒有辦法，向他們吐露了心扉：「你們這樣逼我，我很累，你們總是一味的要求我這樣，要求我那樣，你們有沒有考慮過我的感受。我不想學了，太累了。」爸爸媽媽一時間沒有辦法，只是對她講道理，而且開始每天盯著她學業。莎莎感覺累的有些喘不過氣來。

有很多的家庭都有著這樣類似的教育經歷，高壓的政策，孩子沒有太多的休息娛樂的時間，而面對質疑時，父母們回應的都是一句：「還不是為了他的未來，現在不吃苦，以後就要吃更多的苦。」其實孩子要努力學習也是他們的職責所在，但是當新聞報導裡頻頻報導出某某孩子因為學習壓力過大而精神恍惚，某某孩子因為承受不了壓力而自殺的消息時，父母們有沒有對自己的教育方式進行過反思，他們畢竟還是孩子，幼小的肩膀怎麼能夠承擔起如此沉重的壓力。

孩子終究是孩子，家長們應該給孩子更多的一些空間和時間，有勞有逸，一定不要等到發生了悲劇，才意識到自己的錯誤，才後悔當初的做法。孩子的教育是一個嚴肅且輕鬆的事情，家長們一定要把握好度，放棄自己的功利之心，有什麼能比孩子健康快樂的成長更加重要的呢？

第六章　獎罰分明，孩子更加出色

重點63：讓孩子聽從也需有理有據

孩子免不了會犯錯誤，犯錯誤就會受到父母的責問。在生活中，很多的家長都會以強有力的口吻去責問、制止孩子，有的時候甚至沒有搞清楚事情的原委就會大發脾氣，長此以往，孩子便會沒了獨立的想法，而變得消極。

一些時候，孩子想要做一件事情，但是父母卻極力反對，為了阻止孩子的行為，家長便會使出各種各樣的「手段」來。

坤坤是班上的班長，平時的學業成績很好，無論是班上的活動還是學校的活動都會積極的參加，為班級爭取榮譽的同時也磨練了自己，一直是同學老師眼中的優秀學生。作為一班之長，他也深知自己的責任所在，平時要求自己很嚴格，希望自己能夠達到一個好的帶頭作用。正因為這樣，坤坤總是受到老師的表揚，還被評選為了模範生，他也更加的努力了。

有一天，他所在的學校號召大家進行捐血。老師們為了讓學生們積極的進行參與，於是打算先給每個班的學生幹部進行溝通，讓他們明白捐血的益處，從而透過他們來調動全班的積極性，使更多的學生加入到捐血的行列中來。

坤坤其實在學校裡聽到這個消息的時候就已經暗下決心打算捐血了。回到家中之後，他把這件事情告訴了媽媽，希望得到媽媽的支持，他還覺得媽媽一定會誇讚他這種做法很對。可是他剛剛說完便受到了媽媽的拒絕：「不行！我不同意！學校說捐血你就去捐血啊，抽得是你的血又不是他們的，他們當然慫恿你去捐血。再說了，你知道要吃多少營養品和補品才能把那些血補回來嗎？如果抽完血出現了不適，生了病又怎麼辦，還得花錢買藥治病。總之就是不行！」

坤坤沒有想到媽媽是這樣的態度，但是他還想再爭取一下，於是他說：「媽，捐血的宣傳冊子上都寫了，正常人捐一次血沒事的，並不影響健康。」

「那上面說的你就信了？你現在正在發育，我說不行就不行，明白了嗎？」

「可是我是班長呀，再說了，老師也希望我們幾個能夠起帶頭作用。」

「總之就是不行，別再說了！要不然這樣，你就和老師說你貧血。反正是不能捐，好啦，就這樣吧，這件事聽我的。」

坤坤沒有辦法，只得無奈的回到了自己的房間裡。

坤坤媽媽的這種做法想必很多的家長也都以相似的方式使用過，當不能給出一個比較合理的理由和根據的時候，家長便會使用自己的「強權」，以家長不容置疑的身分和地位來強壓著孩子「屈服」。在這種不能扭轉的強權的壓迫下，孩子只能聽取家長的話，絲毫沒有

商量的餘地，時間長了，孩子的自主意識便會薄弱。

好多的家長在和孩子交流的時候，都是只顧及自己說的痛不痛快，以為自己說的做的都是為了孩子好，而從來不顧及孩子的想法與感受。當父母將自己的意願強加給孩子的時候，孩子很難快樂起來。

就像上面的故事一樣，坤坤以後很有可能出現兩種情況：一種是覺得媽媽說的話並沒有道理，堅信自己的想法是對的，從此便開始對媽媽的話半信半疑。另外一種則是他聽從了媽媽的說法，沒有捐血，並且以後遇到了事情也詢問媽媽，而且助人為樂的觀念也開始變弱，處處都只是想自己的利益。無論是哪種結果，應該都不是家長希望看到的。

當孩子向父母提出了自己的想法之後，父母不要急於否定，更不要以自己的意願來強加在孩子的身上，家長應該尊重孩子的想法，並且給予適當的鼓勵和幫助。而當孩子做錯事情家長想要讓他聽從自己的觀點的時候，也要做到有理有據，不要只是透過強權來「鎮住」孩子，要知道，有理有據孩子才會更加的信服。

重點64：責問，不是羞辱、打擊

在平時，當孩子出現了這樣或那樣的問題的時候，家長總是喜歡站在高處以極為嚴厲

重點 64：責問，不是羞辱、打擊

的口吻對他進行責問，有的時候當家長在氣頭上的時候還會對孩子進行羞辱或者打擊，使孩子幼小脆弱的心靈受到很難彌補的傷害。

時代不同了，社會在進步，家長們有沒有想過自己的這種教育方式合不合適呢？會不會真的對孩子的成長達到積極的影響作用呢？

孩子畢竟還太小，當他犯錯的時候對他進行責問倒是也能夠理解，但是家長們為什麼要進行羞辱和打擊呢？長時間的這種教育方式，很容易使孩子失去自信，而當孩子進入青春期以後，他們也漸漸的學會了保護自己，這個時候很有可能出現反抗心理，與父母形成「敵對」。

有人說孩子形成了叛逆心理以後很難對付，其實這個觀點在最開始就錯了，孩子應該是與家長很好溝通，健康成長的，怎麼成了要「對付」的對象了呢？並且，人其實根本就沒有什麼反抗期，孩子們表現出來的反抗，只是由於他們的精力旺盛，並且沒有合理正確的表達方式，所以便會用這種「反抗」的形式來表達自己內心的情緒。所以，當孩子出現這種現象的時候，家長就應該也「責問」一下自己，平時的教育方式是否正確，是否傷害到了孩子。

曉東今年讀高一，因為國中的時候貪玩，沒有按照父母的心願考到理想的學校，父母

為此也花了不少錢，找了很多關係，但是都沒有用。最後沒有辦法，曉東只得讀了一所很普通的高中。

平時的時候他很喜歡運動，尤其喜歡踢足球，幾乎每天放學以後都會和幾個同學相約去操場踢一會球再回家。到了週末則更是高興的不得了，一大早就去學校的操場踢球，有的時候中午回家吃個飯然後下午繼續去，而有的時候直接踢到下午，然後再回家。

爸爸媽媽看到他這個樣子很著急，也很生氣。當初沒有按照他們的意願考到一所比較好的高中就已經很讓他們失望了，如今還這樣貪玩，「不務正業」，於是父母決定制止他的這種行為。

又到了一個週末，曉東吃過早餐以後抱著足球就想出去，被爸爸攔了下來。

「你這樣成天抱著個破球在那踢來踢去，能踢出什麼來，能踢進世界盃嗎？！看你考試考的那點分，還好意思踢球！連個好點的高中都考不進去，再踢下去，我看你連大學都考不上了！」

本來準備好去踢球的好心情被爸爸的這一頓訓斥立即消失了，曉東反抗到：「我踢球怎麼了？我就是愛踢球！考不上大學拉倒，我就是不想上學！」說完摔門而出。

「混帳！你給我回來！」父親生著氣在房間裡大喊道。

本來可以坐下來心平氣和的談談的，但是卻由於父親的這幾句羞辱與打擊，使得交談被破壞。孩子沒有察覺到自己的錯誤，反而由於叛逆心理開始「變本加厲」，家長也沒有對孩子很好的教育，使他正確的認識到學習與運動的關係。就這樣，問題沒有得到解決，反而更糟糕，鬧得不歡而散。

隨著孩子的長大，他們的自尊心會逐漸的增強，家長的教育方式也要根據孩子的成長過程來適時的調整。一些家長在孩子出現了問題的時候會不由自主的進行責問與怪罪，家長有時候的態度是滿不在乎，但是對孩子來說則有如「晴天霹靂」。家長們總是希望能夠透過這種嚴厲和刺激的教育方式來使孩子認識到自己的錯誤，但是孩子卻往往進行反抗，也用激烈的行為去表達自己的情緒和態度。

家長永遠是孩子的一個榜樣，而他們說的話也會對孩子產生很大的影響。有的孩子會因為父母的幾句話而草率的斷定自己的前程，對學業和生活失去了上進心和自信心。

家長們要知道，責問可以，但是不要動不動就對孩子進行羞辱和打擊，你們的言行都會很深的影響到孩子的未來發展。責問只是手段，絕不是目的。在和孩子交流的時候，家長不妨將自己的內心想法直接告訴孩子，平心靜氣的與孩子進行交流，這樣解決問題的效果會好很多。

重點65：獎罰分明，讓孩子心服口服

對孩子進行溺愛或者是無限制的讚賞都不利於他的成長，有的時候教育孩子需要帶有威嚴，但是沒有原則的打罵只會給孩子的心靈上造成創傷。那麼，究竟要如何理性的教育孩子呢？其實，不管是大人還是孩子，在維護規矩利益上，有一個很好的機制可以利用，那就是獎罰分明。

社會上有無數的組織和團體，獎和罰都是這些組織團體在管理上一個非常必要的組成成分。在獎罰制度的存在下，組織才能夠更好的發展。試想一下，如果一個組織裡，所有的人無論做什麼、多少、好壞都得到相同的待遇，那麼勢必會影響到人們的積極性，缺乏了主動，沒有了熱情，工作就不會有起色。同樣，家庭也是一樣，家庭就是一個小的組織，孩子在成長的過程中，需要一定的鼓勵獎勵，當然也少不了必要的懲罰。獎罰分明，讓孩子心服口服，才能夠使孩子健康發展。

很長時間以來，家長們都受著傳統教育的影響，在教育孩子時「威」大於「恩」。這種教育方式使得孩子從小就對父母產生了一定的懼怕心理，尤其是和父親，彼此的交流很少。父親是一家之主，代表著權威，當孩子犯錯誤的時候，往往由不得他解釋，也不會同孩子進行商量，不論孩子願意與否都要無條件的執行。

媽媽下班回到家之後，看到小森正在玩著手機遊戲，還在興頭上，完全沒有要關機的意思。小森的奶奶說，他已經玩了兩個多小時了，說他都不聽。

這個時候媽媽走了過來，對他說：「小森小朋友，你玩遊戲多久了啊？你不累手機也累了呀，是不是應該讓手機休息一下？」小森頭也沒回的說道：「就一會就好了，再玩一會我就關機。」他的眼睛緊盯著手機，手不停按著螢幕。

媽媽看到他的樣子，當時恨不得把手機直接沒收，可是還是控制住了自己的情緒。她找來一個小鬧鐘，定了時間，把鬧鐘放在旁邊說：「再給你五分鐘的時間，到了時間以後要馬上關機。」小森聽後很爽快的點了點頭，並且還信誓旦旦的和媽媽作了保證。

媽媽這麼做不過是想給他一個緩衝的時間，讓他自己把手機關掉，免得鬧起衝突來強行將沒收手機，把事情弄得更複雜。把鬧鐘放好以後，媽媽就去廚房裡做飯去了。五分鐘很快就過去了，鬧鐘開始響了起來，這個時候媽媽從廚房裡走了出來，小森並沒有像她想的那樣準時的關手機，仍然在專注的按螢幕。

這個時候媽媽再次提醒他：「小森小朋友，鬧鐘已經響了啊，你應該關手機了。」小森仍然沒有回頭，說道：「再等一小會，這關馬上就結束了。」這個時候媽媽有些惱火了，她走到小森的跟前，很嚴肅的和他說：「媽媽最討厭說話不算數的孩子，快把手機關上，不然以後媽媽都不會再相信你了，而且還要限制你玩遊戲的時間，要是再不改正就以後都不能玩遊戲了。」

小森沒有辦法，一邊嘟囔著：「這關很快就過完了，真是的，每天都讓我關手機、關手機」，一邊不情願的關上了手機。他開始對著媽媽抱怨，甚至耍賴。媽媽氣不過，對著小森發起了火，並且打了他屁股幾下。

這下子小森哭了起來，奶奶想過來幫忙，但是媽媽制止了。小森見哭了一會沒人理，便不再哭了。只是不過來吃飯。這個時候奶奶開始講和，媽媽心也軟了下來，說先吃飯，吃過飯後幫著一起整理桌子，表現良好就讓他再玩一會手機。小森這才破涕為笑，上桌吃起了飯。

和原來的教育方式不同，如今的教育越來越注重鼓勵和獎勵孩子，孩子在這種人性化的教育中也能夠更好的成長。

孩子也是一個獨立的個體，家長在和孩子交流時也要注意尊重他的意願，對他的行為及時的進行評價，表示出自己的態度來。如果孩子做得好，就適當的獎勵下，告訴他繼續努力，不要驕傲；而做的不好時，在批評教育的同時可以給一個小小的懲罰，讓他知道做錯事情之後是有代價的。這樣恩威並施，獎罰分明，孩子以後處理起事情來就會變得有分寸，對待家長的教育也會由不耐煩、反抗，變得心服口服。

重點 66：掌握獎罰的分寸

萬事都有一個「分寸」，在這個分寸裡，怎樣都行，可是超過了這個分寸，事情就有了紕漏，然後這樣那樣的問題就會出現。古代先賢們把這個「分寸」稱作是「中庸」，掌握分寸，不偏不倚，事情才會處理的恰到好處。

在教育孩子的時候，獎勵和懲罰是必不可少的兩種手段方法，也是家長們最常使用的方法。如何掌握好分寸，讓這種方法發揮出它最好的作用來，就需要家長們好好的揣摩了。要知道，獎勵和懲罰並不是萬能的，只是一種輔助教育的手段，只有掌握了正確合理的技巧之後，才可以幫助孩子改正缺點，養成良好的行為習慣。如果家長「操之過急」，掌握不好分寸，那麼不僅不會達到輔助教育的作用，反而會產生負面的影響。

美國史丹佛大學曾經有過一個調查研究發現，那些曾經受過過度獎勵的學生一般並不願意付出努力或者承擔風險，對自己的激勵也很少。那些被稱讚聰明的孩子很容易表現失常，而且這種情況女孩要比男孩嚴重。

很顯然，過度的獎勵是不可取的，但是太少的獎勵也不合適。獎勵太多太頻，孩子認

為得來的太過容易，就會慢慢的失去前進的動力。而獎勵的太少，孩子長時間得不到認可，就會缺乏自信，對待事情沒有了熱情。在孩子小的時候，只要取得了一點成績，家長就應該給出適當的鼓勵和肯定。到了年齡稍微成長之後，他對周邊的世界有了自己的認識，這個時候家長就可以適當的減少獎勵了。

和獎勵相比，在懲罰孩子的時候，家長一定要慎重。在孩子逐漸長大以後，有了一定的是非觀念，當他犯錯誤時應該給予懲罰和告誡。不過如果懲罰用的太多了之後，孩子很有可能形成自卑的心理，不利於他的發展。懲罰更加注重場合，並不是在每個方面都可以用，一般多在孩子品行方面使用。而對於平時偶爾犯的小錯誤，比如寫作業時眼睛距離桌子太近，作業本放不正等情況，只要提醒他改正就可以了，沒有必要實施懲罰。

一些家長固執的認為「好孩子是誇出來的」，所以就一味的誇獎孩子，這樣時間長了以後，孩子很有可能覺得這是在哄騙他做事情，然後出現排斥心理。有時候也會在做完事情時沒有得到誇獎而感到失落。所以，誇獎也要掌握好分寸，一味的誇獎並不總會有想像中好的結果。

聰聰今年七歲了，平時和同班的小華感情很好，兩個人經常在一起玩。一個週末，聰聰還沒有起床，就聽到電話響了，媽媽接了電話，知道是小華找聰聰去樓下玩遊戲。聰聰馬上起床了，臉也沒洗就準備出去。這個時候媽媽拉住了他，說：「不行，必須得洗臉吃完飯再出去。」聰聰本不打算吃的，但是拗不過媽媽，只得坐在餐桌前。

媽媽把飯端到了跟前，說：「來，媽媽餵你，聰聰真棒，再吃一口。」就這樣，在誇讚聲中，聰聰高興的吃完了飯，然後去和小華玩了。

聰聰平時對媽媽的這些讚賞很敏感，只要媽媽誇讚他，他就十分的高興，所以媽媽也總是「討好他」，每天都要誇他。

不過最近，媽媽發現聰聰開始有些小膨脹，覺得別人都不如自己。有一次週末，自己在家裡做家事，聰聰和小華在社區裡玩樂，可是沒一會聰聰就回來了，媽媽有點驚訝，就問他為什麼，聰聰沒有好氣的說：「他太笨了，也不聽我的話，我把他推倒了，他就不跟我玩了。」

這就是過度誇讚的後果，使孩子變得驕橫，不講理。這種情況應該是廣大家長都不願意看到的。

那麼在獎罰孩子的時候，要注意哪些問題呢？

在獎勵上，首先，對於幼兒來說，要及時的給出表揚，這樣他的行為可以達到一個強化的效果。在平時，如果孩子把他喜歡吃的食物或者愛玩的玩具和大人一起分享的時候，

家長就要給出表揚，誇一句：「寶寶真棒。」這樣孩子就明白了自己的行為原來是正確可行，讓大人感到驕傲的。然後，對孩子的誇獎要適度，不要過度誇大。比如孩子畫畫很好，家長便誇孩子真厲害，這種水準完全能夠在學校裡得第一名之類的話，而當孩子並沒有取得那樣的成績時，就會很失落，甚至失去興趣。

在懲罰上，首先，如果孩子並沒有犯主觀性的錯誤，不應該給予懲罰。比如生活中經常出現這樣的事情，孩子看到媽媽做飯辛苦，自己想著幫媽媽分擔，但是由於沒有經驗，做起來就會顯得手忙腳亂，可能會打翻油或者摔破碗。這個時候家長不應該劈頭劈臉的就是責備，而是應該先對孩子幫助自己分擔的初衷給予肯定和讚揚，然後對他的這種失誤給予委婉的指正。然後，家長一定要清楚一件事情，就是懲罰只是手段而不是目的，最終的目的是幫助孩子改正錯誤。家長應該和孩子講道理，分析錯誤的原因，幫他從根本上認識到錯誤的所在，然後改正過來。而且不要舊事重提，那樣很容易引起孩子的反感，不利於教育的進行。

重點67：讓孩子為自己的行為負責

一般來說，如果孩子犯了錯誤以後，人們往往會第一時間聯想到他的家庭、家長。經常會聽到這樣的言論：「這個孩子真沒有家教」、「真想看看他的父母長什麼樣子，竟然會教育出這樣的孩子來。」孩子在小的時候沒有經歷過什麼事情，有時候自己解決不了的話就會讓父母出面，比如在學校裡打架之後會讓家長給人賠禮道歉，還要付醫藥費等。最近這幾年各種「官二代」、「富二代」、「星二代」們的新聞也是層出不窮，兒子犯了錯，要爸媽出面解決，情況嚴重時，還要開新聞發布會向大眾道歉，解釋清楚。曾經就有政治家因為自己的孩子私藏毒品而被迫下台，也有演藝明星因為自己的孩子犯了大錯誤而使事業下滑。

孩子在小的時候，家長有著不可推卸的教育義務和責任。等到孩子長大了之後，雖然他已經有了是非觀念，但是迫於社會的壓力，家長也會背負著連帶的責任。這樣，就和如今提倡個人主義的觀點有了衝突。當孩子犯了錯誤以後，向父母追究責任，討一個說法，這樣確實會使父母加強對孩子的管教，可是在培養孩子要對自己的行為負責任，遇事要懂得承擔而不是「逃」的問題上，並沒有達到什麼顯著的效果。

家長應該在孩子小的時候就教育他，要為自己的所作所為而負責。就算是四五歲的孩子，雖然沒有完善的是非觀念，但是當犯了錯誤之後，也要學著自己去主動的進行道歉。比如和夥伴踢球時打碎了別人家的玻璃，要真誠的進行道歉，然後進行清理和賠償；在朋友家玩樂時打碎了杯子，也要主動的對主人承認錯誤，並且將現場整理乾淨。這樣之後，他就能夠逐漸的學會承擔，有所成長。

在日本，通常都是家長將孩子的錯誤當成是自己的錯誤，當孩子犯了錯，家長先向主人道歉：「實在不好意思，給您添麻煩了」，邊說邊鞠躬，就像事情是自己做的一樣。而作為當事人的孩子卻並沒有什麼表示，大多只是說一句「對不起」，然後就能將問題解決，好像事情並不是他做得一樣。這樣的做法在我們看來可能並不正確，因為它不能夠讓孩子養成承擔責任的意識。做錯事情，該道歉，該整理殘局的都是孩子，而並不是家長。家長要做的應該是教給孩子如何做，如何說。

相較於日本，一些別的國家在這方面顯然做得要好些，尤其是西方的一些國家。如果家長帶著孩子到朋友家做客，期間孩子打破了碗碟，那麼家長會先向主人道歉，然後讓孩子給主人道歉，並且整理乾淨殘局。這樣的教育方式就能夠很好的培養起孩子的負責任的觀念。

有一點需要注意，就是不要將「做壞事」和「添麻煩」弄混淆。

在平時總會聽到一些家長教育自己的孩子「不要給別人添麻煩」，孩子由於認知水準有限，所以很有可能就理解為「只要自己不給別人添麻煩就行」。顯然這種想法是錯誤的。當一個孩子在沒有人發現，也沒有給人添麻煩的情況下，做了壞事，並且不以為意，那麼這種情況更加嚴重，因為他沒有覺得做壞事有什麼後果，甚至可能從中體會到快感，而開始「變本加厲」。

家長要教育孩子，對於撒謊、恃強凌弱、舉止粗暴、不負責任之類的事情，本身就是壞事情，所以無論有沒有人看到，都不應該做，要從自己的內心深處排斥這些行為，分清好與壞，是與非。當孩子明白了一定的道德倫理觀念的時候，他就會懂得什麼事情可以做，什麼事情不能做了。從而也會有了責任心，明白該為自己的行為負責。

重點68：不可缺少的懲罰教育

俗語講「人非聖賢，孰能無過」，大人況且如此，更不要對小孩子求全責備了。孩子犯錯誤很平常，但是重要的是，當孩子犯了錯誤以後，要怎樣對他進行教育。

有的家長簡單粗暴，當孩子犯錯以後非打即罵，用這種原始但並不正確的方式讓孩子「長記性」，這種方式也許只能夠在短時間內使孩子不敢犯錯誤，但是並不會達到什麼實質性的效果。有的家長很「護子」，雖然在家裡面孩子犯了錯誤也批評教育，但是當孩子參與團體活動的時候，就會對他的錯誤進行遮掩，一心的向著他，根本不願意承認孩子犯了錯誤，有時候甚至還會教孩子撒謊來推卸責任，這種教育方式很容易使孩子在今後的團體活動中與別人情勢惡化，不利於他的成長。

對於生活中經常出現的這種情況，家長們應該重視起對孩子的懲罰教育。那麼什麼是懲罰教育呢？它是指當孩子犯了錯誤之後，家長對於孩子所犯錯誤的程度和性質進行正確積極的懲罰教育。

很多人會把「懲罰」和「體罰」弄混淆，這是兩種不同的概念。懲罰是一種很常見的教育方式，透過對孩子的錯誤行為進行強制的方法來達到糾正的目的。這種教育方式孩子的身心完全能夠接受，具有一定的教育和警示作用。而體罰則是對孩子的一種身心上的嚴重傷害，它違背了倫理道德，不利於孩子的成長。

懲罰教育在孩子的整個教育過程中有著極其重要的作用。

第一，它能夠使孩子明白是非，變得懂規矩。孩子在小的時候，對於什麼可以做，什麼不能做並不具有很明確的認知，家長可以透過示範或者教導等方式來告訴他。不能夠否認的是，懲罰也是一種很有效的方式途徑。透過懲罰，孩子能夠更加明確的認識到是和非，也會更加主動的去了解行為的界限。

第二，懲罰能夠達到教育和警戒的作用。一般的教育方法所不能達到的效果，透過懲罰往往能夠很好的達到。比如家長會在孩子小的時候告訴他火不能夠隨便摸，而孩子由於好奇，可能會偷偷的去嘗試，這一嘗試，便會知道火的厲害。經過這一次的教訓，以後他便不會再隨便的摸火了。這就是他隨意摸火所遭受的懲罰。平時透過懲罰，還可以對孩子達到一定警戒的作用。

第三，懲罰能夠幫助孩子改過，達到良好的激勵的作用。孩子在做錯了事情以後，承認錯誤並且接受一定的懲罰，這樣有利於孩子道德意識的形成。如果一個孩子不能夠或者不願意去正視、接受懲罰，那麼他就很難在正確的道路上越走越寬。一定的懲罰，能夠使孩子在犯了錯誤之後覺醒，認識到自己的錯誤所在，知恥而後勇，能夠達到激勵孩子更加奮發向上的作用。

第四，懲罰還有利於維護團體的紀律，幫助團體獲得更大的榮譽。懲罰既是一種管理上的手段，同時也是維護團體紀律的一種有效的工具。透過懲罰，團體的紀律得到了保障，這就會在很大的程度上確保團體目標的實現。

家長在對孩子進行懲罰教育的時候，要採取民主的原則，先與孩子進行溝通，讓他明白自己的錯誤所在，然後家長可以與孩子進行商討，拿出幾個可供懲罰的方式來，讓孩子自己選擇，比如犯了錯誤以後，可以選擇做做家事，也可以選擇減少遊戲的時間等。另外就是家長對孩子的懲罰要適度，把握好與「體罰」的界限，不要「越界」。

懲罰教育和激勵教育一樣，都是不可缺少的教育方式，兩者相互補充，教育才能夠完整，才會更加有利於孩子的健康成長。

重點69：辯證的認識懲罰教育

一些家長認為，孩子犯了錯誤，就應該受到懲罰。如果單單的按照這種思路去教育孩子的話，那麼難免會出現錯誤，給孩子幼小的身心造成永久性的傷害，很難平復，嚴重的話甚至會影響到他的價值觀。所以，當孩子由於無知而犯錯，或者由於好奇、喜歡探險運動等，造成身體擦傷、碰撞等情況時，家長不應該去懲罰他。

懲罰並不是一項簡單的行為，它應該由孩子所犯錯誤的性質和嚴重程度來合理的進行，哪怕是在孩子所犯錯誤十分嚴重的時候，也應該這樣。

騰騰今年六歲了，平時吃飯的時候總是不好好吃，要麼鬧著看卡通，要麼就是糊弄兩口就說已經吃飽，然後去一邊玩玩具。這可煩死了媽媽。

後來媽媽想了一個方法，她決定和騰騰「約法三章」。如果他不好好吃飯，就不讓他玩電腦遊戲。吃飯的時候謊稱吃飽然後想要去玩樂的話，那麼就不給他吃零食。騰騰沒有辦法，只得乖乖的吃飯。

有的時候孩子可能會蔑視家長給自己的這種懲罰，而作為家長，也應該學會面對這個事實。在對孩子進行懲罰的時候，很可能他會一反常態，將之前在故事書裡看到的不過卻從來沒在平時生活裡展現過的勇氣拿出來，與家長進行抵抗。這個時候就要適度的緩和一下緊張的氣氛了。

在男孩小的時候，經常會對比自己大一點的姐姐的辮子感覺到好奇。有的時候就會抓著姐姐的辮子不放手，還會咯咯的笑，小手說什麼也不會鬆開。這個時候，媽媽就可以輕輕的拍他一巴掌，這一巴掌就能夠制止他當時的行為，達到比較有效的管教的效果。不過，並不是只能夠用巴掌來拍他才可以達到打消他念頭或者制止他行為的目的。對於懲罰，要明確一個事情，就是懲罰的目的是幫助孩子建立一個正確的思維方式，讓他有是非觀念，而不是只停留在將他的念頭打消的基礎上的。家長在懲罰的時候不應該盲目，應該讓孩子清楚的認識到，犯什麼樣的錯誤，就要接受什麼樣的疼痛和懲罰。做好了這一點，孩子的教育就會更加的順利，也會更加茁壯的成長。

我們都知道，不管什麼樣的違法行為，思想上的、行動上的，只要構成了違法，那麼就要受到相對的懲罰。懲罰不只是在程度上有所區別，在時間上也有所不同，有的執行得快，有的需要一定的時間。讓孩子明白「善有善報，惡有惡報」這個道理十分的有必要，如

果他不明白，那麼到了成人，步入了社會以後，很有可能就會遭受不可挽回的後果。

家長應該對懲罰教育有一個正確、適當的認知，會讓孩子明事理，變得越來越優秀；而過度的懲罰，不講究溝通、情理和程度的話，就會把孩子推向深淵，不利於他的成長。

重點70：表揚孩子要「就事論事」

一味的表揚不但無法達到激勵孩子的作用，反而會起反作用，一味的表揚不是真正的欣賞。沒有批評的教育是偽教育，對孩子一味的表揚也是偽教育。現在越來越多的父母們已經認識到了賞識教育的力量，但是同時又看到很多的案例：父母的過度表揚使孩子的抗挫折能力很低，並且造成孩子的盲目自信與狂妄。這就是表揚的不當，欣賞的誤用了。

人無完人，同樣，也沒有一無是處的人。任何人都有值得欣賞的地方，孩子當然也是最值得我們去欣賞的人。欣賞是一種源於愛的對他人的認同，我想欣賞也應包含「包容並指正他人的不足」。因為幫助他人正確認識自己並改正缺點，這樣一個人才能更加完整更加完善，他所具有的好的一面才能更加長青更有生命力，這才是真正的愛。所以經常聽到老一輩的人說：「批評你是為了你好。」是有道理的。

父母要有辨別何處該讚揚何處該勉勵的能力。孩子無疑是最應該受到我們欣賞的人。

他們每一個人都有值得欣賞之處，同時也都有各自的不足甚至缺點，我們做父母的對孩子的教育應該「揚長」而且不「避短」。

那天放學回來，豆豆拿著老師批改過的作文對我說：「媽，老師稱讚我成語運用豐富呢。」，我拿來一看，他寫著：人多得像成千上萬隻螞蟻。其實簡單的一句「人多得像螞蟻似的」也許更能給人留下遐想的空間，「成千上萬」這個成語反而削弱了要表達的意思。

我想，不能讓他對成語失去興趣，打擊孩子的積極性，又不能讓孩子鑽牛角尖，便說：「豆豆，你記住了很多成語，而且在寫作文時經常引用成語，這樣很好。成語用好了就能讓作文錦上添花。」

豆豆聽了自然手舞足蹈，甚至有點驕傲，我繼續說：「但是，不是在文章中用成語越多就越好，用得不好反而達到相反的作用。比如用『成千上萬』，不如用『人山人海』更能說明人多的景象。你掌握了比別人多的成語，說明你看書時很用心；在寫作文時盡量用成語，而且有時候成語用得很恰當，這樣會讓作文很精彩；但是要正確理解成語的含義，並且要恰當使用成語，成語不是用得越多越好，用的不恰當或者過多反而不如不用。」

表揚不能片面，過多的表揚就像拿著放大鏡看孩子，會讓孩子忽略了很多應該改正的重點。比如過度誇獎孩子會的成語多，就容易導致孩子片面追求在作文中用成語，而不考

慮成語的用法是否準確合適。因此，表揚要與勉勵相結合。

第七章　沒有禁區的生活，對孩子進行一次反思教育

重點71：授之以魚，不如授之以「漁」

欣欣讀一年級了，平時在家裡媽媽總是百般呵護，所以有時候她去上學時媽媽總是不放心。

有一次班上組織團體出遊，媽媽怕她在外面餓肚子，就給她在書包裡放了兩個雞蛋。可是沒有想到的是，欣欣玩回來以後，那兩個雞蛋竟然沒有動，而且她還嚷著餓。媽媽就問她：「不是給你帶了雞蛋了嗎？你怎麼不吃呀？」誰知欣欣卻說：「這個雞蛋又沒有縫，怎麼咬啊？」媽媽這一聽可是吃了一驚，同時也反省了自己，原來之前每次吃雞蛋時都是媽媽剝好了蛋殼餵她的，現在給她一個完整的雞蛋，她竟然不知道怎麼吃了。

總聽到家長們抱怨，自己為孩子做了那麼多，可是為什麼自己付出的精力卻和得到的效果不成正比呢？

孩子在幼年的時候，很需要家長的各方面的保護，但是當孩子逐漸長大的時候，家長的這種保護就要減少了。孩子對於問題其實有一定處理的潛力和能力，家長對孩子處處關心和保護，剛開始時孩子會覺得很溫暖，可是日子久了他就會有一種理所當然的心理，情況嚴重時就會阻礙他自己處理問題的能力的發展。

對孩子來說，適時的放手讓他自己去做並不是一件壞事。他解決問題的結果怎樣有時候並不重要，重要的是他能在這個過程中學會獨立思考。孩子獨立完成一件事情，可以促使他能力的培養以及智力的發育，而且對於人格的完善和發展也能達到很好的促進作用。

家長應該多給孩子一些空間，授之以漁，讓他自己動手，為他的成長創造機會。

重點72：允許孩子小小的打一架

孩子在小的時候難免會與夥伴之間發生一點衝突，有時候也會由於意見不合而發生爭吵，甚至會打架。當家長聽到孩子打架的消息的時候，肯定會緊張，擔心自己的孩子有沒有受到傷害，對於和自己孩子打架的那個小孩子，家長也會感覺生氣。但是在安慰自己孩子的同時也不要急於否定別人的孩子，打架是孩子成長過程中的一個部分，他們之間小小的打一架有時候也不是什麼壞事。

小森是班上的學習委員，平時學業成績很好，為人也很謙虛，對待同學和老師都很有禮貌。但就是這樣一個孩子，有一天卻和同學打架了，這讓老師感到很不可思議。

事情是這樣的，小森由於學業成績很好，所以被選去參加區裡的數學競賽，代表學校參賽的只有三個名額，而這三個人都是老師直接點名選取的，並沒有在班上公開進行選擇。可以說能夠有這樣的機會，小森感到很驕傲和自豪。

但是事情並不像他自己想像的那樣美好，因為同學間開始流傳著一些閒言閒語，大家一有時間就會討論：「小森這次肯定不是老師的意願，你們知不知道，他的媽媽在教育局上班，他能夠被選中可能和這個有關係。」「就是就是，我覺得也是這樣。」同學們這樣七嘴八舌的討論著，其中彬彬最不服氣，意見也最多。因為他平時的數學成績也不錯，可以說是和小森不相上下。本來心裡就不服氣，再加上同學們之間這樣一說，他覺得更加氣憤了。

在放學的時候，彬彬攔下了小森，很不服氣的問道：「你有什麼好驕傲的，肯定是你的媽媽幫你，走後門得來的名額，有能耐自己爭取呀，靠家長，算什麼本事！」

小森被人無緣無故的冤枉了，感覺很委屈，並且很生氣，他反駁道：「你胡說什麼！這個名額跟我媽媽一點關係都沒有，都是我自己努力的結果！你憑什麼說我！」

兩個人越說越激烈，小森實在聽不了彬彬對自己沒有緣由的指責了，於是朝著彬彬的臉上重重的打了一拳。然後兩個人就打在一起了。

後來小森青著臉回到了家裡面，媽媽看到他這個樣子，很擔心的問道：「你的臉是怎麼回事？跟同學打架了？」

小森不說話，只是點了點頭。

媽媽沒有生氣，只是很緩和的跟他說：「我知道你現在肯定特別生氣，甚至想要找機會在『報仇』」，然後媽媽拍著他的肩膀說道：「但是無論怎麼樣打架都是不對的。」

小森抬起頭看了看媽媽，這個時候媽媽拿來了藥水，給小森慢慢的在傷口上擦拭了起來，然後很平靜溫和的問他打架的原因。擦完藥水後，母子二人進行了一番交談，透過談話，小森也發現到了自己的錯誤，之前氣憤的心情現在平復了很多。

很多家長只要一聽到孩子打架了，第一反應往往是急切的關心孩子的傷勢，並且不問清事情的來龍去脈就對別人家的孩子進行辱罵。家長要知道，這種處理的方式對孩子來說並不正確。那麼遇到這種事情的時候，家長要如何處理呢？首先家長應該站在孩子的角度上說一下他此刻的心理，這樣有助於接下來的交談的進行，比如說一句：「我知道你現在肯定很生氣。」，這樣孩子就會覺得你很理解他，是站在他這一邊的。接著以堅定的口吻和孩子說：「不過你要知道動手打人是不對的。」這樣讓孩子明白自己的這種反對的態度。透過給孩子講清道理，然後再給他一定的時間去反思和平復心情。

另外，家長們要理性正確的認識孩子打架這件事，孩子們畢竟都還小，有的時候有個衝突也很正常。他們能夠自己解決的問題，就讓他們自己試著去解決，只要出不了大錯。而當孩子解決不了的時候，再來求助於家長。但是家長一定不要盲目武斷的下結論來進行處理，一定要搞清楚事情的來龍去脈，不能動不動就打孩子或罵孩子，孩子偶爾的打一架

並沒有什麼大不了，關鍵在於要讓他認識到其中的錯誤，透過它來做反省，將來再遇到類似事情的時候要怎樣去處理。

重點73：適當滿足孩子的欲望

說起溺愛，很多人都感覺它像是一劑毒藥，給孩子的成長造成了太多的阻礙和不良影響。在這些不良影響中，貪心就是一種。而造成這種情況的根源就是由於家長無原則無條件的滿足孩子的要求。

如今的生活水準越來越好，家中的孩子也有些是獨生子，所以家長就捨得在孩子身上大把的花錢。要吃的給吃的，要玩的給玩的，「有求必應」。

當有人質疑家長的這種做法時，家長們卻總是會說：「我們有這個條件，為什麼不能滿足孩子呢？看到他們高興我們就高興。」一些經濟條件並不是太好的家長也說：「再苦不能苦孩子，別人家孩子有的，我們就算是變賣家當也要讓我家的孩子有。」

家長的這種心理確實可以理解，但是如果當他太過於關注吃喝玩樂的時候，那麼勢必會分散他在學習上的注意力，不能夠專心的學習。要知道，孩子的首要任務就是學習知識以及必備的生活技能，在幼年的時候培養各種良好的行為習慣。如果家長一味的滿足孩子的欲望的話，那麼就會使他變得驕奢起來，學習上和生活上不知道進取。

生活中總能聽到家長這樣的歎息聲：孩子都被我們慣壞了，想吃什麼得立刻去買，晚一點都不行；看上的玩具說買就要買，不買就哭。

小朵今年七歲了，由於嘴比較饞，所以很愛吃零食，家裡總有吃不完的零食，每個房間裡都有，隨處可見，隨手可拿。

媽媽很愛她，所以總會給她買，只要她提出來了，媽媽就會買回來。後來，小朵的零食實在是太多了，抽屜裡，沙發上，到處都是，她吃起零食來很開心，而看到女兒開心的樣子，媽媽也有一種說不出的心理滿足。

後來小朵慢慢的對零食失去了興趣，家裡的那些零食她也置之不顧。她開始喜歡上了玩具娃娃，吵著鬧著要媽媽給她買各式各樣的娃娃，然後買服裝裝扮。後來媽媽見她對娃娃的興趣太濃，對學業的興趣越來越淡，只得把娃娃都鎖了起來，這一下子小朵不甘心了，沒完沒了的哭了起來。

要想解決孩子的這種情況，要如何做才好呢？

首先，要讓孩子學會等待。一個懂的等待，具有耐性的人，他不僅可以很好的控制住自己的欲望，還能夠處理學習上和生活上出現的問題。一個習慣在期待中獲得滿足的孩

子，他更加能夠主動的控制和處理自己的情緒，對眼前的小利益可以抵擋住誘惑，就算自己的欲望沒有得到滿足，也會看的很淡然。人們往往對輕而易舉得來的東西不知道珍惜。孩子學會等待以後，就會知道爸爸媽媽給自己的這份禮物是付出了很大的心血的，裡面包含著他們對自己的愛，這樣即使等待的過程有些煎熬，但是心裡也是幸福的。

然後，讓孩子懂得控制欲望。每個人都有欲望，有的經過努力可以實現，有的卻只是「天方夜譚」。對於孩子來說，他們很容易受到誘惑，看到什麼就想要什麼，家長如果一味的滿足的話，孩子便不會懂得控制自己的欲望。有些家長錯誤的認為，當滿足了孩子在吃喝以及遊戲上的欲望之後，他就能夠「消停」下來，從而少受誘惑，少犯錯誤。其實這不是簡單的吃和玩的問題，家長的縱容，會忽略掉孩子良好品行和習慣的培養。所以家長應該讓孩子學會控制欲望。

最後，不要妥協孩子提出的無理的要求。每個人做事情都應該有一個原則，對於孩子，家長也應該從他小時候開始就教育他做事講原則。孩子在提出要求得不到滿足時，最常使用的招數就是大哭大鬧。有時候在大眾場合，家長礙於情面，總會對孩子有所妥協，進行讓步。這樣次數多了以後，孩子就會抓住規律，只要是有要求，就放在人多的時候提出來，讓家長一次次的妥協。對於孩子的這種行為，家長應該態度鮮明的給予否定。對於無理的要求，不答應就是不答應。從根本上制止他的這種行為。

重點74：對孩子可以保護性的「放養」

放養最初指的是有意識的讓動物遠離人類，不受人類的控制，擺脫家庭中的保護，回歸到自然中去。和它相對的一個詞自然就是「圈養」。進入新世紀以後，人們對於教育的理念也有了新的認識和改變，出現了很多的新名詞和新方法，而「放養教育」就是其中的一種。

那麼，什麼是放養教育呢？它是指能夠讓孩子在自然屬性和社會屬性多一點的地方接受到更加自由的教育指導，使孩子的感性和理性能夠同時的有所提高。

在現實的生活中，家長對孩子採取的更多的是「圈養」，比如每天上下學都要親自接送，不讓孩子自己坐公車去或者和幾個朋友一起去；總是拿起手機給孩子打電話，詢問他的一舉一動，即使是他成人了，也還是不放心。這樣，在家長的圈養之下，孩子長大了，也成家了，卻最終變成了一個媽寶、啃老族。

時代在發展，觀念在改變，對待孩子的教育理念也應該有所改變。家長擔心孩子的人身安全這確實是人之常情，可是除了孩子的人身安全之外，在保證孩子健康成長的前提

下，為什麼不試試「放養」呢？給孩子一個更廣闊的天地，也許他的成長會超出你的想像。

那麼，家長要如何對孩子進行保護性的放養呢？

首先，對孩子進行激勵。當孩子參加活動或者取得成績的時候，要及時的給出正確的鼓勵。這些鼓勵就像是一種信號，孩子接受以後會更加的有信心。透過這樣的激勵和肯定，一段時間後，孩子就會變得勇敢起來，從而會更積極的面對今後人生中出現的挫折和失敗。

其次，對於危險的狀態進行制約。孩子小的時候，自制能力一般比較差，有時候會在一些事情上遇到危險，所以這就需要家長的保護，對孩子危險的行為進行制約。不過需要注意的是，當孩子在活動中有了危險，家長進行制約的時候，一定要注意方式，不要驚嚇到孩子。

然後，家長要規範孩子的行為。當孩子在生活中的一些行為、語言等出現不規矩的時候，家長應該及時的給予指正。而且家長要根據孩子的接受能力來進行示範，接受能力強，次數就少些，接受能力差，次數就多些，要有耐心。

最後，經常給孩子一些提示。當孩子自己完成一件事情的時候，要根據具體的情況給出適當的提示，當然，提示必須準確。

另外需要提出的是，在放養的過程中，家長不要給孩子提出硬性的規定，不要強迫他完成什麼樣的目標等。要讓孩子自己發揮，真正能夠在「放」中學到知識，有所成長。

重點 75：放手，別替孩子成長

現在的孩子，有些是獨生子女，集萬千寵愛於一身，受到百般呵護。孩子自打出生以後，幾乎就沒有自己安排過什麼，完全是家長操刀。當孩子小的時候，思想並沒有完全的得到開發，家長按說幫孩子安排事情也無可非議。可是當孩子漸漸的長大成人以後，為什麼家長還是不肯放手呢？還要替孩子成長多久呢？

家長在孩子小的時候，總是不放心，怕他摔著，怕他著涼，下雨天要為他撐傘，天氣冷了要提醒他加衣服。家長這樣的呵護，怎麼還能要求孩子長大以後要獨立自強，去拚搏奮鬥呢？

帥帥出生在一個大家庭裡，在同輩的孩子裡他是唯一的男孩，其他的除了姐姐就是妹妹。所以，整個大家庭的焦點都聚集在了帥帥一個人的身上。家人們對他關愛有加，特別注重他的營養。為了他，媽媽買來了食譜，學起了烹飪，也經常看電視上的美食節目，只要一學會了新的菜，就會做給帥帥吃。

有時候帥帥並不想吃飯，於是家人們就使盡各種方法哄著他吃，有時候一頓簡單的飯要吃上一個小時。

後來帥帥上了幼兒園，家裡人無一不為他擔心，怕他在幼兒園裡吃不飽。

帥帥的這種情況在現實生活中並不少見，大人們精心的呵護著，本以為是為他好，其實是害了孩子。在這樣的情況下，孩子會覺得吃飯不是他的事情。其實，家長的這種做法，是將孩子的生理需要變成了自己的心理需要，覺得孩子哪怕少吃一口都會影響到他的健康。對待這種情況，家長應該「放權」，把吃的權利還給孩子，讓孩子自主選擇，不要強迫他。孩子不想吃其實是不餓，只要他餓了，自然就會吃了。

在孩子成長的過程中，家長的百般呵護以及種種暗示都會讓孩子產生一種這個社會不安全，甚至很可怕的心理，覺得需要爸爸媽媽的保護，自己不能夠獨立成長。這樣的時間長了以後，家長就會發現，自己的孩子變得膽小起來，不願意與人交談，不愛參加團體活動等，總是喜歡黏著家長。這樣，孩子無論在對社會的適應能力上，還是對自己情緒和情感的處理上都會出現很多的問題。

想要從根本上解決這種情況，就需要家長的一個「放手」。家長放孩子自己去成長，讓他去經歷跌跌撞撞，哪怕遍體鱗傷，也還有家給他力量的支撐。在孩子自己探索世界之後，他就會發現，原來世界並不是那麼的可怕，也是可以去觸碰和探索的。只有放開孩子，讓他自己去獨立承受，他才能夠盡快的成長起來。

重點76：讓孩子有獨立發揮的機會和空間

曾經有一個故事，有一隻翠鳥，牠為了躲避人類的襲擊，把牠的巢築在了很高很高的樹梢上，這樣牠很安全。後來，牠當了媽媽，有了幾隻非常可愛的小翠鳥，小翠鳥很好動，也很好奇，總是忍不住探出頭向巢外看。翠鳥媽媽發現了這件事情，牠擔心自己的孩子會從巢裡跌落下去，於是就把巢搬下去一點，不在原來那麼高的樹梢上了。過了些日子，小翠鳥們長出了羽毛，也開始在巢裡學著媽媽的樣子展翅，想要飛翔。這個時候翠鳥媽媽更加擔心了，心想，萬一哪一天牠們掉下去而又不會飛該怎麼辦，越想越害怕，於是又把巢搬下去一點。這下牠放心了。可是由於這次巢離地面很近，很容易被人類發現。所以沒過幾天，巢裡面的幾隻小翠鳥就被人類抓走了。

翠鳥媽媽的這種做法的初衷不用說，自然是為了孩子，是出於對孩子的愛，這種做法可能也讓很多人感動，但是感動歸感動，幾隻小翠鳥終究還是沒有逃脫被抓走的厄運。

透過翠鳥的故事，我們不妨也進行一下反思。在我們如今的生活中，像小翠鳥媽媽那

樣的父母可以說是數不勝數，他們盡最大可能的滿足著孩子的要求，孩子要什麼都給。而應該是孩子自己完成的事情，家長也全都實施了包辦。在這樣的家庭環境下長大的孩子，往往會缺乏獨立自主的意識和能力，遇到困難以後不能自己順利的解決。

如果想要孩子獨立健康的成長，家長就需要給孩子創造一個寬鬆自由的成長環境，讓他們感覺不到束縛和壓力。那麼要如何做呢？

第一，家長不要過度的保護孩子。家長保護孩子看上去是「天經地義」的事情，但是要把握好尺度，不要過，過度保護的話，會使孩子的身心發展受到阻礙，慢慢的會變得膽小、愛哭、依賴心理強、不敢去做新的嘗試等。作為家長，應該給孩子創造機會，讓他多去探索，培養自己處理事情的能力。

第二，要對孩子有耐心。要想培養出孩子的獨立性，不僅要依賴於他身心發展的成熟程度，更加需要後天的培養教育，要知道這是一個漫長的過程，並不是一朝一夕就能夠形成的。所以，家長在這件事情上一定要有耐心，不要太過急躁，那樣不僅剝奪了孩子學習的機會，還會給他無形中造成壓力，甚至扼殺他的想像力和表達能力等。比如一些家長是急脾氣，孩子的動作和反應比較慢，家長就會有些不耐煩，於是就主動的幫助孩子完成他的事情；而當孩子想要表達自己內心的看法或意見時，家長卻搶先表達了。這樣不耐心的做法會使孩子變得沉默而具有依賴性，不利於他獨立性的發展。

第三，讓孩子學著處理自己的事情。家長應該讓孩子在很小的時候就開始自己在一個房間裡面睡覺，培養他的獨立觀念。給他一個小房間，讓他自己整理、裝飾，對於房間裡的桌子、椅子等也完全可以按照他自己的想法去置放。這樣慢慢的培養起他處理自己用品的習慣。在孩子玩樂過之後，家長要提醒他把玩具擺放好，書本也不要隨意亂丟。這樣經過幾次提醒之後，他就會逐漸的養成一個好習慣。在順利完成自己事情的同時，養成了獨立的個性。

第四，讓孩子學著做一些簡單的家事。有專家認為，滿一歲的孩子，他們可以參加家裡面的比較簡單的家事，例如吃飯時讓他擺放筷子，幫爸爸拿報紙等。而當孩子完成了你所交代的事情的時候，記得要和他說聲「謝謝」，並且還要給予適當的鼓勵和讚美，這樣都有利於強化孩子的獨立行為。

重點77：信任孩子，不要事事插手

每個人都渴望被別人所信任，而且只有信任別人才會得到別人的信任。這種感覺在孩子身上展現得更加強烈。父母給孩子多些信任，那麼孩子的生活將會變得更加的精彩。

孩子有的時候會和父母撒一些謊，當這個時候，父母就會十分嚴厲的責備他，問他為什麼這麼小就會了撒謊，都是和誰學的等等。可是父母有沒有想過，孩子為什麼要對你撒謊呢？撒謊和不撒謊的區別在哪裡呢？其實，只有當一個人不被別人信任，感覺不到安全感的時候，他才會去撒謊，有的孩子嘗到了撒謊帶來的「甜頭」，便一發不可整理，變本加厲的去撒謊。對於孩子，父母要給予一定的空間和信任，不要事事都插手。孩子只有在獲得了信任之後，做起事情來才會放心大膽的去做，而如果家長過度的干涉他的事情，可能孩子就會怕這怕那，感覺像是被束縛了手腳。

對於家長來說，對孩子要有更多的信任，而不是更多的懷疑。給了他信任，給了他自由發揮的空間，放開手讓他自己去體驗，這樣他的能力也會有所提高。如果每件事情都插手的話，那麼孩子也會產生一種心理：爸爸媽媽怎麼對我這麼不信任，是不是我的能力太差？

「媽媽，你看房間我這麼安排布置好看嗎？」七歲的小志最近變得勤快了起來，因為上課時老師說要自己的事情自己做，在家庭裡要多幫著爸爸媽媽分擔一些。

「挺好看的呀！小志勤快了呀！而且，這個布置也很好看，媽媽很喜歡。」媽媽邊笑邊說。「小志，以後就是要這樣，自己的事情自己做，要對自己有信心，自己一定可以把事情做好，不要太指望別人能夠來幫你。媽媽相信你，加油哦！」

小志聽到媽媽這麼說，十分的高興，於是又開始整理起別的房間來，而且比之前做的更加的細緻。

孩子在成長的過程中，很需要鼓勵和肯定，而父母的信任是對他們最大的肯定。在平時的生活中，父母要懂得去傾聽孩子的話。孩了的心思很細膩，有著許多的想法，可能有時候父母一個眼神就會傷了他們幼小的心。他們比成年人更加需要傾聽，希望自己能夠得到肯定。而作為父母，也要懂得傾聽自己孩子的聲音，用溫暖的信任來換取之前的沒有耐心的斥責或者打斷。在某種意義上來講，父母的傾聽也是對孩子信任的一種表現。懂得傾聽，信任孩子，給予恰當的關懷和指導，不要事事都插手，那麼孩子會成長的更加茁壯健康。

重點78：鼓勵孩子適當犯錯

鼓勵孩子犯錯誤，這個話題應該說是聞所未聞，大部分的家長會覺得這不可思議。不過，在孩子成長的過程中，鼓勵他適當的犯錯誤，也未嘗不可。

在生活中，有的錯誤要盡量的避免，能不出現就不出現，那樣最好。不過，當錯誤不

可避免的發生的時候，作為家長，應該將它視作是一種良好的資源來對待。面對錯誤，我們可以珍惜它、正視它。對於孩子來說，犯錯誤的過程實際上也是一個不斷學習的過程。錯誤總免不了會犯，也要付出相對的代價，家長不能因為怕孩子犯錯誤就不讓他去做。怕孩子摔倒，而不讓他學習騎車；怕他弄髒衣服，而不讓他自己動手吃飯；怕他危險，而不讓他做這做那。顯然，這些「怕」會影響到孩子的順利成長。

小峰今年三歲了。有一天，他拿著媽媽給他買的兒童用剪刀，想要試試它好用不好用。於是一會剪剪沒用的報紙，一會剪剪雜誌。剪完了這些之後，他對著媽媽說：「媽媽，我想拿剪刀剪蔥！」媽媽並沒有反對，於是小峰剪了起來。當把一顆蔥剪成好幾段了之後，他並沒有盡興，於是說：「媽媽，我還想剪。」媽媽說：「去吧，自己去廚房裡看看。」

小峰在廚房裡尋找了一番，不一會抱著一顆大白菜出來了，用剪刀又是剪又是戳的，一顆好好的大白菜就這樣給剪爛了。

站在一旁的奶奶有些看不下去了，說：「你怎麼這樣寵著孩子呢？這可都是新鮮的菜啊！」媽媽和奶奶說：「媽，蔥和大白菜值不了多少錢，可是換來的卻是小峰的快樂，他學會了使用剪刀，動手動腦的同時還培養了注意力，多好啊。沒事，讓他剪吧。」奶奶聽了這話，也說不出什麼，就讓他繼續剪了。

其實小峰媽媽的做法挺正確。孩子在小的時候，好奇心強，也愛「搞破壞」，但是家長並不要粗魯野蠻的對他進行批評，從而剝奪他的快樂以及對待學習的樂趣。當孩子想要動手做一些事情的時候，家長顧忌這顧忌那，害怕他破壞東西。可是到了孩子上學以後，又會埋怨他美勞能力不強，注意力不集中等。家長總是打著愛孩子的名義來阻止他學習的機會，然後又會對他進行埋怨，這種行為本來就很矛盾。

關於美國第一任總統華盛頓，流傳著一個很有名的故事。當華盛頓很小的時候，有一天他拿著一把斧頭砍倒了父親心愛的櫻桃樹，對這件事情他並沒有隱瞞，而是誠實的向父親承認了錯誤。這個時候他的爸爸並沒有責備他，而是興奮的抱住了他，高興的說：「我寧可丟掉一莊園的櫻桃樹，也不願你撒謊！」

華盛頓的這個故事講的是做人要誠實，可是我們不妨想一下，又有多少家長能夠有這種博大的胸懷，正視孩子的錯誤，理性的對待呢？孩子雖然犯了錯誤，可其實也是在學習。就像如果孩子拿著剪刀在剪沙發，當父母看到後要是克制住自己的怒火，平和的說：「寶寶你都會使用剪刀啦！真厲害。不過沙發要是剪壞了你就沒有辦法坐了，下次要是再想剪時，告訴媽媽，媽媽找塊布給你，你來剪裁設計，好不好？」這樣的話，對孩子來說，教育的效果會更好。

所以，鼓勵孩子適當的犯個錯吧。

重點79：把性教育放到陽光之下

孔子曾經說過：「飲食男女，人之大欲存焉。」告子也曾經說過：「食、色，性也。」歸根到底，「性」是延續下一代的根本，沒有它，生命就沒有辦法得到延續，我們的社會也不會進步到現在這個樣子。正是因為它的存在，人生才可以得到輪迴。

在孩子的成長過程中，「性」是避免不了的一個問題，也是他將來人生中相當重要的一個問題。家長在教育的時候應該找準時機，透過一定的技巧來和孩子談論這個「敏感話題」。

在平時生活中，應該有大部分的家長認為性是一個見不得人，最起碼對於孩子來說是難以啟齒的問題。而且有的家長還認為，孩子對於這方面知道的太多，會讓他們走上歧途。其實，不論家長談與不談，性都伴隨著孩子的一生，小的時候對兩性有著模糊的認識，很好奇，到了成人以後開始過夫妻生活。整個過程中都會有性的參與。家長們不應該為了害怕孩子了解不全而走上歧途就不去教育，相反，正因為這樣才更應該給孩子好好的上一堂性教育課，讓他們充分完全正確的理解性是怎麼一回事。把性教育放在陽光之下，這樣孩子的成長才會更加的健康和陽光。

很久以前曾經有過這樣的報導，說的是夫妻兩人結婚六年了都沒有孩子，不僅他們著急，父母更著急。後來一經調查詢問才知道，原來夫妻二人根本就沒有過過真正意義上的夫妻生活。他們竟然以為兩個人在一起睡覺，只要彼此在對方的身上趴一趴就會懷孕生小孩。這件事情旁人聽起來可能會覺得很可笑，但其實仔細一想更多的還是可悲。兩個成年人，竟然不知道該如何去繁衍後代。說來也不能全怪他們，在當時的那種環境下，性是極其隱晦和封閉的一個話題，那個時候不像現在這樣思想開放，更別提把性提到「教育」上來了，那簡直是不可理喻。

倒退三十多年，那個時候的人們覺得性這種事不需要教育，孩子長大了以後自然會明白的。現在我們知道，當初人們的觀點是錯誤的，性也是需要來教育的。當女孩第一次來月經，男孩第一次有夢遺，這些都是他們開始更加好奇性的時候，父母應該給予正確的指導和教育，否則便會出現這樣那樣的問題，給孩子在心理上造成很嚴重的影響。

小飛今年上國中，平時學業成績還可以，但是最近上課的時候總分心，他總會時不時的看看女同學的胸部，或者有時候就是自己開始聯想，覺得很美妙。

回到家中，有時候他會進行自慰，有的時候是躲到廁所裡，有的時候則是邊寫作業邊

自慰。每次做的時候都會很小心，很怕被爸媽看到。

有一天，他在寫數學作業的時候遇到了問題，一時不知道該怎麼解答出來，所以就出了神，拿出一張裸體女人的圖片，手開始撫弄自己的生殖器。這個時候不知道怎麼的父親竟然來到了他的房間，父親看到他正在自慰，而且桌子上還有那樣的一張圖片，二話沒說，上去就是一巴掌，還大罵了一聲：「不要臉的東西。」本該「私密進行」的事情，卻被父親發現了，而且又挨了一巴掌，所以他很羞愧，一連好幾天都不敢正眼看父親的眼睛。而且以後在學校裡，他也不敢抬頭看女生，覺得那是件「很不要臉」的事情，有種罪惡感。從此以後學業成績也開始下滑。

父母應該知道，孩子到了青春期之後，第二性徵開始明顯，有了性的意識。偶爾的自慰行為也是孩子的一種緩解壓力的方式。家長一定不要簡單的認為那是種「不要臉」的行為，當發現的時候上去就是對孩子非打即罵。要知道，家長的這種做法只會使孩子增加內疚感以及罪惡感，甚至還會產生自卑的心理。

所以，家長在平時的時候可以和孩子用平和自然的心態去聊性這件事情，給孩子講一些正確的性知識，要他們懂得如何保護自己，處理好在性這件隱晦私人的事情上遇到的問題。

第八章　培養孩子優秀品格，人生路上受益多

重點80：堅強勇敢——孩子成功的基石

堅強和勇敢是一種很優秀的特質，除了先天的性格決定之外，這在後天具有更強的塑造性。孩子所處的生長環境對於他們這種性格的形成有著極大的決定作用。

對於男孩來說，他們從小「調皮搗蛋」，敢於冒險和嘗試，所以基本上都會具有這樣的特質。相比之下，女孩則有著很大的差別。她們從小基本上說話要細聲細語，做事情也是很小心翼翼，性格上一般比較脆弱，對於外界壓力的承受能力和抵抗能力一般也比較弱。在生活中經常會看到這樣的女孩，她們在晚上不敢一個人去廁所，必須要有大人陪著；也不願意參加團體的戶外活動，因為害怕受傷；她們的膽子很小，害怕打雷，碰到一些不怎麼可怕的事情也會哭泣等等。這些都是一般女孩的表現。她們在性格上處於弱勢，不夠堅強和勇敢。當然這與性別有著很大的關係。但是性格的形成畢竟是一個漫長的過程，小時候膽子小不勇敢並不代表著長大以後還那樣。在孩子成長的過程中，只要家長進行良好的引導和教育，就能夠讓她們盡快的成長起來，透過雙方的一起努力來把這種先天性格的劣勢降到最低。

一位父親很愛自己的小女兒，時常的誇讚，捨不得讓她受一點的委屈。當女兒撞到了桌子，他就會摟過女兒對著桌子說：「這麼硬，也不知道讓路，不知道我家寶貝要從這裡過嗎？」女兒在學校與同學發生了矛盾受了委屈，他就會找到學校去「評理」，根本不先了解清楚事情的來龍去脈。女兒上學的時候父親背著書包，每天的書本作業也是他檢查過後再放進書包裡。而當女兒跳舞蹈因為太累太苦而哭了的時候，他會立刻說：「好好，我們不學了，走吧，我們去兒童樂園。」

還有一位父親，在送他家的女兒去上學的時候總是會和老師交代一句：「我們家的寶貝膽子有點小，動不動就哭，您別對她太嚴厲，她要是有什麼錯您直接和我說就行了。」

關於這兩位父親對待女兒的做法，可能他們自己覺得很正常，沒什麼。但是只要是旁觀者，很明顯的就會看出他們對於孩子的保護太過了。孩子在成長中總會遇到這樣那樣的困難，父母對其進行保護本無可厚非，但是也要掌握一個度，保護得太過了就會達到相反的作用。而且父母要教給孩子的應該是怎樣克服困難，怎樣讓自己變得強大，而不是無時無刻的保護著她們，畢竟父母也不可能保護孩子一輩子。

孩子在成長的過程中總免不了犯錯和遭遇挫折，但是不能所有的錯誤和困難都要家長出頭解決和承擔，總要讓孩子自己去面對，這樣她才能夠更快更健康的成長。

家長對孩子的好就像是一口陷阱，一口溫柔的陷阱。當孩子犯第一個錯誤的時候，她就掉進了這個陷阱裡，而陷阱外則是爸爸媽媽的守護。因為每次犯錯誤都有人整理殘局，她無法在廣闊的天地裡吸收養分和能量，所以也就不會懂得什麼才是堅強和勇敢。

現在講究男女平等，當然，在困難和挫折面前每個人都是平等的。女孩不能夠因為自己的性別而奢望困難對自己「手下留情」。也沒有哪個人會因為自己的性別而取得真正意義上的成功。每個人都很平等，對於女孩來說，之前的「優勢」甚至都會成為「劣勢」，她們只有更加的努力，才會獲得更大程度的成功，勝不了別人，最起碼也可以超越自己。

所以，家長們應該學會放手，讓自己的孩子在困難中去磨練，在挫折中成長，這樣她才能盡快的堅強勇敢起來，面對人生的挫折，擁有燦爛的人生。

重點81：樂觀向上——孩子幸福生活的前提

樂觀是一種積極向上的生活態度，一個樂觀的人，他看到的世界總是美好的，他的這種性格在歡愉自己的同時也能夠感染到身邊的人，給更多的人帶去正能量。

樂觀是一種天性，有的人生來就樂觀，富有幽默感。不過這種積極的特質更在於後天的培養，父母的言行舉止都會在潛移默化中感染到孩子。就拿下雨這種最常見的天氣現象來說，家長的反應很可能會影響到孩子的心情，久而久之就會改變孩子的看法。比如早晨一覺醒來，外面小雨下個不停，如果家長一個不經心，隨口說了一句：「這個倒楣的天氣，怎麼下起來沒完沒了！」就是這樣一句抱怨的話，家長說的時候並沒有太在意，但是孩子卻聽在了耳朵裡，記在了心裡。本來只是一場很普通的雨，孩子便因為家長的一句話而對它產生了厭煩、消極的看法：是啊，下雨天怎麼這麼煩人呢！

可是同樣是一場雨，如果家長換一種說法的話，產生的就是另外一種效果了。「真好，今天又下雨了，空氣不用再那麼乾燥了，終於可以呼吸一下新鮮的空氣了。」家長在說這句話的同時，孩子也聽了進去，這種表達方式給孩子的就是一種積極樂觀的態度和暗示：原來下雨也不錯呀，可以順暢自由的呼吸新鮮的空氣，而且植物也可以解渴，茁壯的成長了。

孩子天生的性格是一部分，後天的培養與影響又是一部分。孩子的性格和對待生活、處理事情的態度，就是在家長們這樣平時的一點一滴的影響下所建立起來的。家長看待生活，處理事情總是悲觀的態度，那麼孩子難免就會產生不積極的一面，看待事情悲觀，體會不到光明和力量。而要是家長總能在困難中感受到希望和力量，並將這種陽光的心態傳遞給孩子，那麼當孩子遇到困難的時候便會覺得沒有那麼可怕了。

明明的爸爸和媽媽都在一家公司上班，平時加班是常事，很辛苦。因為晚睡早起的忙於工作，所以回到家以後就有些疲倦，他們總是抱怨：「哎呀，累死我了，工作好辛苦啊。」由於自己的工作很辛苦，所以他們還會常常對明明說：「你要好好念書呀，不努力的

話將來找工作都難。你看我們現在每天多累啊，上班的時候還要處處小心，看著主管的臉色，還得和同事做好關係。賺錢不容易啊。」

他們的工作清閒的時候很少，幾乎每天都得加班才能回來。然後平時就總是抱怨。在這樣的家庭環境中長大，明明很難快樂起來，慢慢的，她也開始唉聲歎氣了：「念書這麼累，生活這麼累，將來長大了工作又這麼難找，唉，活著真沒意思。」

家庭是組成社會的一個基本單位，也是每個孩子的港灣與後盾。家庭的環境直接影響著孩子的性格。一個婚姻幸福、和諧的家庭，他們家的孩子往往在性格上樂觀開朗。而一個總是充斥著抱怨，甚至是暴力的家庭，他們家的孩子在性格上難免就會冷漠、孤僻。

為了讓孩子能夠有一個樂觀向上、健康積極的性格，家長們在平時一定要注意自己的重點，少些抱怨，多些感恩和歡笑，這樣一點一滴的能量孩子都會感受到。

重點82：寬容大度——孩子的心胸能「海納百川」

對於一個孩子來說，寬容和大度是一種非常寶貴的特質，在日常生活中往往表現為對別人所犯錯誤的原諒。一個為人寬容大度的孩子，他往往脾氣比較好、心地善良，很容易與別人交往，也很容易受到別人的喜歡。相反，那些不懂得寬容別人的人，他們在平時比較容易走極端，對一些小事情也會斤斤計較，不給別人解釋和改正的機會，所以人們往往不願意和這樣的人交朋友。

如果一個孩子比較脆弱，或者內心比較敏感的話，那麼他在受到來自於外界的刺激的情況下，就會內心煩悶，或者會哭泣、打架等，他們不願意原諒對方的錯誤，於是就將一件小事擴大，本來雙方一笑置之的事情，非要弄到老師和家長那裡去。

當遇到孩子的抱怨或者告狀的時候，家長一定要給予正確的引導，給孩子一個正確看待事情的方向和態度。如果家長一味的順著孩子的想法去說的話，那麼他們很有可能會形成以自我為中心的習慣，遇到事情斤斤計較，就算對方給自己真誠的道了歉，他們覺得也還是不夠，這樣久而久之，他們就不能很好的與別人交往和相處，嚴重時還會變的很孤立無助，沒有朋友。

小婷今年讀四年級，人長得很漂亮，但就是有些小脾氣。有一天上體育課，老師教完了課程之後讓同學們自行活動，於是小婷她們幾個人一起做起了遊戲。在追逐打鬧的過程中，小婷被樂樂踩了一腳，看著自己新買的漂亮的鞋子上面落上了一個很黑很髒的腳印，小婷很不高興，還沒等樂樂察覺過來進行道歉，她就跑到樂樂的身旁，也對著樂樂的鞋子狠狠的踩了一腳。就這樣兩個人吵了起來。後來老師發現了，就問小婷，為什麼不等樂樂

道歉，反而是狠狠的踩了她一腳。小婷絲毫沒有覺得自己做得不對，反而是理直氣壯的和老師說：「我媽媽和我說了，在外面不能受別人的欺負，要是有人欺負我，我就要還回去，自己不能受委屈。樂樂她踩了我一腳，我就要踩回來。」

本來是一件很小的事情，只要對方的一句「對不起」，然後自己一句「沒關係」就能解決的事情，不懂得寬容別人的小婷卻非要針鋒相對，用最不理智的方式把事情擴大了，不僅問題得不到解決，同學之間的情誼也受到了影響。

現在的家庭中幾乎都只有一個孩子，父母們愛子心切，捨不得他們受一點的委屈，孩子在外面受了一點委屈，家長們就受不了，恨不得自己替孩子吃盡所有的苦。小孩子的情緒變化快，之前還是好朋友，可能因為幾句話就不理睬對方了。孩子們發生爭執時本可以由老師或家長調解幾句就能夠化解的，但是有的家長在平時灌輸給孩子的思想卻是：當受了「欺負」時，要「以眼還眼以牙還牙」，自己不能受半點的委屈。家長的這種教育方式，不僅不會緩解小孩子們之間發生的問題，還會影響到他們同學之間的關係，同學的關係不融洽，就不能夠很好的融入進班級這個大家庭之中。這樣孩子在將來也不能夠很好的處理人際關係，為人處事上會變得小氣和狹隘，太過自我，這種性格最終會影響到孩子的發展。

重點83：誠實守信——孩子的立身之本

古人講究「言必行，行必果。」這是一個人高尚道德的一個方面，也是一個人安身立命的重要的一個因素。

誠信是一種美德，它包括兩個方面，即誠實和守信。一個誠實的人，他的內心是清澈見底的，有什麼就說什麼，對待人毫無保留，從來不說謊話。而守信則說的是要遵守信用，對別人說過的話，許過的諾言，不能夠反悔，要及時的兌現，不能有拖延。一個誠實遵守信用的人，他的人生一定是磊落和光明的。

又到了一個週末，嬌嬌的爸爸待在家裡也沒有事，並且嬌嬌的作業也完成了，於是爸爸就想帶著她去遊樂園轉轉，順便自己也放鬆一下。

「來，嬌嬌過來，今天爸爸帶你去遊樂園玩兒怎麼樣啊？」

「不要。」

「哦？為什麼呢？你不是想去遊樂園玩很久了嗎？今天天氣不錯，爸爸正好帶你去玩呀。」

「我約了兩個同學來家裡玩的，我們要在一起做遊戲，他們都有帶道具和工具來，我們要自己動手一起玩，我不能夠說話不算數。」

聽了嬌嬌的話，爸爸感到很高興，覺得女兒長大了，知道不能不守信用了，於是向她豎起了大拇指。

幾乎每一個小孩子都想要和自己的父母在週末去遊樂園玩，那裡的遊玩項目多，孩子們能盡情的「瘋」一把。可是嬌嬌卻不一樣，因為她之前答應了朋友要在家中一起做遊戲，她不能夠因為自己的私心而違背和朋友的諾言，她知道對人要講究誠信。從這個故事中我們可以感受到，嬌嬌雖然年紀小，但是卻很講究誠信，這種特質讓她自己感到很有尊嚴，並且很快樂。相信她的那幾個小朋友也一定會感受到她的這種魅力，對她信守諾言的表現而讚歎不已，並且以後會對她更加的信賴，朋友之間的情誼也會變得更加的牢固。

誠實守信這種美德應該從小培養，只有當孩子小的時候在他們的內心扎下了根，那麼這種優秀的特質就會跟隨他們一生，無論是生活還是工作都會變得美滿幸福起來。

不難發現，誠實守信這種特質會使一個孩子在氣質上變得優雅高尚起來，讓他們擁有一顆高尚而純潔的心。另外，只有一個人講誠實、守信用，那麼他才能夠獲得別人的信賴、支持和幫助。一個良好的人際關係會使他的生活豐富多彩，做起事情來成功的機率也會更大一些。

在日常的生活中，很多的家長都會有意無意的教孩子撒謊，並且他們覺得這種做法並沒有什麼不妥，至少沒有他們想像的那樣後果會很嚴重。比如當家裡的電話響了，或者有人敲門時，家長總會讓孩子去應對，告訴對方自己不在，孩子們並不明白其中的緣由，只是照著做了。然後經過幾次之後，孩子便會覺得撒謊很簡單，並且不會帶來什麼後果，這是一種很好的應付人的技巧，並不是什麼大的錯誤，所以就會開始學著撒謊，並且一發不可整理。

父母是孩子的榜樣，父母漫不經心的一個動作或者語言都會給孩子造成影響，讓他們從小就在心裡埋下不誠實不守信的種子。所以，父母們在平時一定要達到良好的表率作用，以自己的實際行動來告訴自己的孩子，怎樣做才是最好的。

重點84：謙虛好學——孩子進步的動力之源

「謙虛使人進步，驕傲使人落後」、「謙受益，滿招損」，這些都是人們再熟悉不過的名言警句了。一個謙虛的人，他對待生活有態度、有追求，明白自己做的是什麼，知道自己的不足在哪裡，所以謙虛的人往往受到人們的尊敬。

在平時的生活中，這些家中的大寶貝們幾乎每天都會聽到來自不同方面的讚美的聲音。在家裡有父母和爺爺奶奶誇讚，逢年過節時又會受到親戚朋友的誇讚。尤其是一些小

女孩，當大家齊聚一堂時總會把溢美之詞「灌向」她，說她漂亮、可愛、懂事、乖巧等。孩子在這樣的讚美聲中成長，很容易找不對自己的方向，認為自己本來就是這麼優秀，大家都很喜歡自己，逐漸的，就會變得驕傲和自大起來。

小玲可以說是大家公認的才女，會吹口琴，還會畫畫，並且，她的語文能力很好，小小年紀就能寫出一篇篇優秀的文章。在班上老師誇讚她，同學羨慕她。回到家中，父母也是經常會拿著她寫的文章讀了又讀，時不時的說一句：「這裡寫的真好，不愧是我女兒，我驕傲！」就這樣，小玲在褒獎與讚美聲中成長著。

誇獎她的人太多了，她也聽慣了褒獎之詞，漸漸的，她就有些忘乎所以了。她開始不再像以前那樣勤奮的讀書，認為書中的觀點太過老舊，沒有什麼可供自己汲取的營養價值。而是自己「閉門造車」，只是單純的按照自己的思路去進行創新，過度注重詞藻的華麗，而忽略了文章內容上的結構和人物塑造上的特色。不僅如此，她還漸漸的看不起老師了，認為老師講的自己早在之前的文章裡就寫到了。「老師的水準也不怎麼樣嘛。」她開始這樣輕蔑的說。

一段時間過去了，小玲很難再寫出一篇之前那樣的令很多人都耳目一新的文章了，她的成績開始下滑，同時她也開始討厭學習課業。

謙虛是讓一個人進步的根源動力，尤其是在學術研究上，這是最不能少的特質。家長們總是習慣誇讚孩子，但是千萬不能忘了在誇讚的同時及時的消除掉孩子容易驕傲和膨脹的心理。這是一個相互的過程，不能只顧一面而忽略了另一面。

對於孩子來說，有了謙虛的特質，才能夠清楚的認識到自己的優勢和劣勢，懂得應該在哪個方面更加的努力；才能夠與人友好和諧的相處，受到大家的喜歡和尊重；才能夠擁有寬廣的胸懷，對人寬容，遇事理智，進步的更快。

在日常的生活中，孩子們往往由於學業成績很好或者在某方面有特長就會受到家長或者老師的稱讚。而有的孩子因為長得好看，也會受到別人的誇獎。這種來自各個方面的表揚很容易使認知不全的孩子產生驕傲自大的心理。他們因為聽到了太多的讚美，所以就會將自己的優點進行放大，從而忽略自己身上的缺點，難以全面的認識自己，同時還有可能看不起別人，認為別人和自己差的太遠。在讚美的包圍之中，他們也會很難聽進別人的批評意見，哪怕是善意的批評。優越慣了，就會陷入盲目之中。把平時對自己的要求放低，逐漸的，不思進取，原有的成績也就會一落千丈。

所以家長在平時一定要把握好表揚的「火候」，不妨給孩子找一個積極向上的榜樣，讓他向著榜樣的目標去靠近。而當孩子開始露出驕傲的狀態的時候，家長則要加以注意，讓

他們認識到驕傲的弊端，使他養成謙虛好學的特質。

重點85：孝順長輩——孩子做人的根本

常言道：「百善孝為先。」孝敬長輩是傳統美德，這種美德都在傳承和延續。古代的時候有著「舉孝廉」的傳統，被舉人一般是州郡屬吏或者是通宵經書的儒生，他們都有著一個最大的共同點，那就是孝順，對待長輩畢恭畢敬。不過到了現在，這種美德在新世紀出生的孩子中表現的卻越來越薄弱，因為他們受到的關愛使他們「昏了頭」。好多家長也都發出過感慨：為什麼他們這麼愛孩子，而孩子卻不懂得愛別人？

莎莎今年八歲了，每天晚上全家人吃完了飯，她都會坐在沙發上看卡通，或者乾脆就跑到外面玩樂，而所有的家事都是工作了一天的父母做，她絲毫沒有幫過忙。

莎莎的奶奶很喜歡她，每次吃飯的時候都會給她夾好吃的菜，小莎莎只是埋頭在那裡吃，並不知道也給奶奶夾菜。後來奶奶生病住進了醫院，她連一個電話都沒有打給奶奶，更別說到醫院去探望奶奶了。

生活中這樣的現象可能有很多，家長們對孩子付出了太多的愛，但是孩子卻並不「領情」。他們只是沉浸在愛的溫柔裡，卻並沒有去給自己愛的人一份關愛。家長們面對這樣的現象更多的時候也只是一聲歎息。

曾經有老師對他們班的學生進行過一次調查，調查的問題很簡單：寫出父母的生日。就是這樣一個簡單的問題，大部分學生給出的答案卻很難讓人滿意。因為他們的回答是：「不太清楚」、「忘了」、「從來沒有給爸媽過過生日」等等。但是與這種情況截然相反的一個現象是，班上的每一個同學都清清楚楚的記著自己的生日，不僅如此，他們還很在意父母是不是也記著自己的生日。而其中的大部分表示，因為父母沒有記住自己的生日而表現出過生氣、失望、沮喪等情緒。並且班上還有一個很讓人驚奇的現象，那就是有一個學生幾乎知道班上所有同學的生日，但是卻不記得自己父母的生日。這讓老師感到很吃驚。

這只是一個很簡單的調查，但是卻可以引發人們的思考：為什麼孩子受到了來自家庭的這麼多的關心和愛護，但是卻不知道如何去表達自己的愛呢？他們是簡單的沒有意識到，還是根本就不懂得呢？其實孩子的這種表現也不能夠完全歸咎於他們，他們這種表現得根源還是來自於家庭的教育方式。孩子們受到的關愛很直接，而他們是否孝順長輩這件事卻和平時生活裡的很多重點有關。比如：當家長在辛苦的做家事的時候，是否提出過要孩子來幫自己的忙呢？還是對他們說：「不用你工作，你好好學習就行。」當家長給孩子過生日的時候，是否只是從頭至尾的給孩子祝福，而沒有告訴過他，爸爸媽媽也很希望在自

己生日的時候得到祝福呢？

經過這樣一番「檢討」，家長們是否明白了事情的根源在哪裡了呢？在很多的時候，孩子完全可以多幫家長分擔一些，但是家長卻並沒有給孩子這樣一個機會。

孩子在小的時候，觀察模仿的能力很強，他們的言行舉止都會參照家長的做法。所以，作為孩子的家長，在平時也要善待老人，以自己的切實行動來感染教育自己的孩子，使善於模仿的孩子從小養成孝順長輩的美德。

重點86：富有主見——讓孩子更具生命質感

傳統的家庭教育觀念裡，家長們評判一個孩子是不是讓自己滿意，使用的最多的一個標準就是看孩子是不是「聽話」，平時對孩子說的最多的一句話就是：「乖，要聽爸爸媽媽的話。」

但是家長們一味的要求孩子要聽自己的話，有沒有想過孩子自己的想法呢？就拿平時幾個朋友們做遊戲來說，孩子是有自己的主見，主動組織夥伴們玩什麼呢，還是說只是跟在夥伴的後面，別人說什麼就是什麼，沒有自己的想法。玩遊戲這件事情很小，但是卻能夠看出一個孩子的性格和思維來。當他跟在別人的想法後面，隨意的附和著別人的時候，就會成為人云亦云的「九官鳥」。

當家長發現自己的孩子在平時玩遊戲的時候，總是聽從別的孩子的想法的時候，就不得不注意了，他們要反思自己平時對他的教育是否得當，是不是只對他說了「要聽話」，而從來沒有說過「你自己覺得呢？」

一個沒有主見的孩子，他在平時的生活中總是跟在別人的想法後面，缺乏明顯的判斷能力，等到自己做一件事情的時候也會非常的猶豫。這些看似小的問題，其實會影響到孩子以後的成長。

娜娜今年讀五年級，是老師和家長眼中的乖寶寶，平時家長讓做什麼就做什麼，從來不和父母頂嘴。而且學業成績很好，在班上總是受到老師的表揚。

她這樣的一個「乖寶寶」，也許是很多家長都想要自己的孩子變成的那個樣子，聽話、懂事、認真學習。但是，在這些家長們看到的優點背後，卻有著一個不容忽視的問題，就是她做事沒有主見，總是缺乏自己的看法。平時每天早晨起來，她都會先問媽媽今天穿什麼樣子的衣服。而在學校裡，她也總會問老師要不要參加學校組織的活動，是參加這個好呢？還是參加那個好。

課餘的時候，娜娜看到有很多的同學都報了這樣那樣的輔導班或者才藝班，她也想和

同學們一樣多學點東西，於是就跟隨多數報了兩個，可是等到開課了她才發現，原來自己對這兩個一點也不感興趣，可是苦於報名費和學費很高，每個週末只得硬著頭皮去學。

這樣的例子在現實中應該很常見，尤其是對小女孩來說，她們缺乏主見，習慣將學習和生活上的問題都問父母和老師。這樣的孩子雖然處處聽話，可能學業成績也很好，但是隨著她們年齡的成長，出現的問題就會越來越多，比如上什麼樣的大學，學什麼樣的專業，找什麼樣的工作，甚至找對象的時候都要問父母的意見。等到了這個時候，父母便會後悔當初為孩子做了太多的決定，而沒有讓她自己學習去做一些決定。

不難想像，當一個孩子從小就被「照顧」、「安排」慣了，他在長大了之後就會養成這樣的習慣，有了一定的依賴。遇事沒有主見，總希望別人能夠幫助自己拿主意。這樣的孩子就算進入社會以後不被別人欺負，也很難得到別人的重視和賞識。並且，沒有主見的孩子在如今這個複雜多變的社會裡生存應該說都是個問題，更別說想要成功了。

對於家長來說，孩子的乖巧聽話並不完全是一件好事，他的「聽話」也應該有所選擇。什麼話應該聽，什麼話又應該堅持自己的主張，家長有的時候也應該多給孩子一些拒絕的權利，多傾聽一下他們內心的聲音。

如果孩子在很小的時候，家長總是以「聽話」和「乖」這樣的詞彙來評價稱讚孩子的話，那麼時間一長，難免不讓孩子產生「只要聽從父母的話，不反抗不質疑，就能夠得到表揚和稱讚」的想法。這樣他們慢慢的就失去了獨立思考的能力和意識。所以作為孩子的家長，應該在孩子小的時候就有意識的培養他們要有主見，不要人云亦云。並且要盡可能多的給孩子提供自己決定事情的機會。比如在不影響孩子營養均衡的情況下，可以讓他們選擇吃什麼，怎麼吃；在玩的時候也可以讓他們自己選擇玩具以及玩的方法。這樣一點一滴的生活片段，都可以慢慢的提高孩子的自主意識，讓他們變得越來越有主見。

重點87：熱愛勞動——讓孩子做個勤奮的人

勞動創造財富、勞動創造美好未來，這是大家都知道的道理。勤奮可以說是一個人一生的美德與財富。一個熱愛勞動的孩子，他的動手動腦能力肯定很強，並且為人會很勤奮。這種特質在他長大成人以後會很有利於他的個人發展。所以，對於家長而言，在孩子很小的時候就要培養他們這種特質，讓他們在勞動中感受到快樂，在勞動中有所收穫，這樣會很有利於孩子的成長。

孩子在小的時候都是以玩樂為主，勞動對他們來說可不是一件好玩的事。那麼，應該如何培養孩子的這種習慣呢？其實也並不像有的家長想像的那樣困難和複雜，這些在日常

的生活中都有小的展現。

有一天，麗麗看到媽媽在掃地，覺得很好玩，便心血來潮，也想要掃一下，就對媽媽說：「媽媽，讓我來掃一下吧。」媽媽因為擔心她掃不乾淨，回頭還要自己再重新掃一遍，便對她說：「不用不用，你去做作業去吧，寫完了作業自己去玩，我自己一下就做完了。」

小強今年八歲了，比較瘦弱，父母也不讓他做家事。但是小強總想證明一下自己可以，自己也是一個男子漢，沒有什麼完成不了的。有一次家裡大掃除，需要把一些家具和電器搬到外面去，這樣才好騰出空間來工作。小強平時什麼勞力工作也不做，總覺得心裡彆扭，於是就想在今天來幫忙。他對正在搬東西的爸爸說：「爸爸，讓我來幫你吧。」誰知爸爸卻說：「不用你幫忙，你越幫越忙，找個地方玩吧，我一會回來就全都做完了。」本來是想在家人面前表現一下，但是爸爸這樣一句話就把他「打發」了，並且「你越幫越忙」那句話還傷害了小強的自尊心。他是瘦弱了點，但是也很想證明一下自己。

通常來講，孩子都有一定的模仿能力，也很想透過自己的能力來幫父母分擔一下，來證明自己並不是什麼用也沒有。當孩子對家長提出想要幫忙的想法的時候，家長不要急著給予否定。而是應該在確保孩子安全的前提下給孩子一個鍛鍊的機會。因為如果總是拒絕孩子的想要勞動的要求，時間一長，孩子的勞動積極性就會變得越來越弱。在孩子小的時候，父母對他們拒絕，他們會覺得自己沒用，不過就算隨著年齡的成長以及受教育程度的提高，他們會明白父母這樣做完全是為了保護自己，怕自己在勞動中受到傷害，但是如果長期的懶惰形成了習慣，那麼想要進行改變的話就不是一天兩天的事了。

在平時對孩子進行勞動教育的時候，家長們應該具有一定的計畫。不急於求成，可以先從簡單開始，根據孩子的身體發育情況以及體能素養而逐步提高要求。並且，在孩子進行勞動的時候，家長要有耐心，對孩子的行為不要隨意的發脾氣。家長可以交給孩子在勞動時要掌握的方法和技巧。就拿最平常的洗臉來說，家長可以告訴孩子要先拿溼毛巾擦拭眼部、鼻子和額頭，然後再擦拭耳朵以及耳背，最後擦拭頸部。

而當孩子在勞動中取得了一定的成績之後，就算再微小，家長也應該及時的給予適當的鼓勵，讓孩子明白原來勞動是一件幸福和快樂的事。只要長久的堅持，以前的「小懶蟲」就會成長為一個熱愛幫忙的好寶寶。

重點88：自我管理——培養孩子的自信

相信每一個家長都希望自己的孩子具有一定的自我管理能力：有自己的想法，自制能力很好，對待外界的干擾可以做出一定的抵抗；做每件事情之前都會先進行規劃；具有

一定的忍耐力，碰到挫折和失敗的時候能夠不輕易的被打倒；並且還可以控制好自己的情緒，體諒別人的情緒變化等等。

可是在現實生活中，家長們的心願卻很難得到實現，畢竟這樣的孩子少之又少。

通常來講，在依賴性上，男生往往要比女生弱很多，男生愛面子，喜歡冒險，有一股「闖」的精神。而女生則相反，她們生性嬌弱，什麼事情都喜歡由家長來進行安排，在穿什麼、吃什麼，以即將來做什麼上面都習慣於聽任家長的安排，自己很缺少主見。而當生活上遇到困難的時候，她們第一時間想到的也是尋求父母的幫助，依賴性太強，自己並沒有太多的主見。

一個做事情沒有計畫、忍耐性差、自制力差，做事情拖拖拉拉的孩子肯定會讓家長感覺到頭痛。那麼，要如何才可以將平時自我管理能力弱的孩子培養成為自我管理能力強的孩子呢？其實，這和家長對孩子的教育方式以及態度有著一定的關係。家長總覺得孩子太小，於是什麼事情都要幫著他完成；擔心他自己做事情時會出錯，所以就會時常提醒他，從而讓他變得懶惰而沒有自己的計畫；擔心孩子在做選擇時會出現錯誤，於是孩子的事情也處處幫忙。家長的這種過度的關心與幫助，看似是對孩子好，其實時間長了以後，孩子便會養成一種依賴於他人的惰性，自己不動腦子不動手，什麼都依賴於別人，將本該是「自我管理」的事情變成了交由他人「管理」。

家長們可以想一下，自己畢竟不能保護孩子一輩子，現在不培養孩子的獨立觀念以及自我管理的能力，那麼等到孩子長大了以後便會變得更加茫然。相反，如果在孩子很小的時候就有意識的培養他的獨立觀念，一些事情讓他自己做主，先讓他提出自己的想法，然後父母進行把關。這樣，慢慢的，孩子就可以有了自己看待事物的角度，自己走出去遇見問題的時候也能夠鎮定的想出方法來，不會上當受騙，並且能夠很好的照顧自己的日常起居，並且在學習和工作上不斷的提升自己，這樣的孩子應該是每個家長都希望看到的。

除了日常的生活以外，孩子們每天面臨的最多的問題就是學習。一個自我管理能力強的孩子，在學習上的表現和反應是很突出的。他們會把自己的文具和書包整理的很整齊、乾淨。因為做事情有規劃，有自己的目標，所以他對自己的成績會有一個清晰的認識，會朝著更高的層面去努力。

不過一些孩子在管理學習上有的時候也會有矛盾，比如他很喜歡閱讀課外書籍，這些書籍對於提升他的語文水準以及自身的素養也會有很好的幫助，往往一些孩子在讀的入迷的時候就會忘掉作業還沒有做完。當這個時候，家長就應該告訴孩子，一定要把重心放在作業上，無論什麼時候，作業都是要首先完成的，只有先完成了作業，才能夠更加投入的

去閱讀課外書籍，不然不僅寫作業的效率提不上去，在看課外書籍的時候也不能全身心的投入，到頭來自己看的是什麼自己也不知道。所以家長這個時候要提醒孩子把握好主次。

而且對於一些學習比較突出的學生，他們在班上往往會擔任一些職務，比如班長、總務、小老師等。在這個時候，他的學習和老師派給的任務工作就有了衝突。要如何才能夠解決這種衝突呢？這時，家長就應該多幫助自己的孩子想想方法，根據他自身的情況來想出一個兩不耽誤的好方法。

另外，當一個孩子具備了很好的自我管理能力的時候，他就可以自己做出更多更正確的選擇來，家長就會很省心，不用再擔憂他的前途。自我管理能力是一個孩子走向成功所邁出的第一步，當他具備了這種素養以後，他就能更明確自己想要的是什麼，擺在自己前方的路應該怎麼走，並且家長也應該有理由相信，自己的孩子在成功這條路上會越走越順利。

第九章　挖掘孩子潛力，父母和孩子一起努力

重點89：為孩子播下一枚好習慣的種子

有人曾經說過，孩子的心田就像是一塊神奇的土地，在這上面，播種一種思想，便會收穫一種行為；播種一種行為，便會收穫一個習慣；播種一個習慣，便會收穫品德，而播種了良好的品德，便會收穫人生。

不得不說，一個良好的習慣對於一個人的成長和發展有著十分重要的作用。對於孩子來說，從小就播下一個好習慣的種子，那麼長大以後這顆種子也會長大，發揮出巨大的作用。

無論是學校還是家庭，在孩子的教育問題上都應該十分的重視他們良好學習習慣的培養。只看孩子的學業成績而不看他平時的習慣，這是一種短見。學業成績並不是一成不變的，有高有低，並不見得每次都能考得很好。而一個良好的學習習慣會是終生的，它對人的影響是深遠的。有些家長在孩子考試成績不好的時候，只是從表面上找原因，並沒有從學習習慣上下手尋找，所以孩子的成績總是浮動很大，沒有達到穩步的提高。

一些孩子一邊吃零食一邊寫作業，有的甚至邊看電視節目邊寫作業，還有的總是丟三落四，上學去時不檢查書包，不是忘了作業就是忘了課本，這些都是不好的學習習慣，應該及時的改正。

那麼孩子應該具有哪些良好的習慣呢？

第一，培養孩子愛讀書的習慣。常言道：「腹有詩書氣自華」，讀書可以讓一個人明智、通理。孩子從小就喜歡讀書的話，會學習到很多的知識，並且能夠明白做人的道理。多讀書，讀好書。讀名人傳記，可以學習名人身上的優秀特質，嚴於律己，以他們的成功來作為自己奮鬥的動力，以他們的成績來作為自己學習的榜樣，「站的巨人肩上，看的才會更遠。」讀歷史資料，可以了解文明的興衰榮辱，從而形成「看花開花落，看雲捲雲舒。」的悠然氣質。讀唐詩宋詞，可以豐富自己的文學素養，了解學習漢語的博大精深。讀書的習慣養成了以後，閱讀的能力和鑒賞文字的水準自然也會提高。並且，毋庸置疑，寫作的能力也會提高。只要堅持去讀書，整個人的氣質也會彰顯出來，所以說，讀書是一種很好的習慣。

第二，培養孩子獨立思考的習慣。一個人要想活的不庸庸碌碌，那麼就得要學會獨立思考。只有學會了獨立思考，他才可以有自己的一套為人處世的方法，遇事不慌張，冷靜的處理。在孩子遇到問題的時候，家長可以先讓孩子自己想辦法解決。這樣不但可以培養孩子的獨立性，而且還可以使孩子具有創新的人格。當他有了一個觀點以後，他要想發表出來就需要經過縝密的思考和一定的勇氣。而這個過程，也會讓他逐漸的形成創新的概念

和能力。

第三，培養孩子自覺自立、專心致志的習慣。學習上拼命的「死學」，打時間戰，有時候並不能夠取得好的成績，而一些學生往往學習的時間很短，玩的時候也很盡興，取得的成績卻很好，這是為什麼呢？關鍵在於這種學生懂得什麼是有勞有逸，學的時候認認真真的學習，不想別的事，而玩的時候就痛痛快快的玩，也不想學習的事。他們往往具有很強的自覺性，學習的事就是自己分內的事，不需要別人來提醒。真正學習起來的時候也是專心致志，不做其他事，這樣才有效率。

要想讓孩子學習上有所提高，就要幫助他養成良好的學習習慣。好習慣的種子在他的身上播種下了，自然會有一天開花結果。

重點90：好奇是孩子最好的老師

每個人都會有好奇心，有了好奇心就會有求知欲，接著就會產生興趣，這是一個連續的過程。一個好奇心強烈的孩子，不管在什麼時候，都想要去看、去聽、去嘗試。孩子的小腦袋裡總會有十萬個為什麼，為什麼這樣，為什麼那樣。我們司空見慣、習以為常的一些事情，在他們的眼裡，可能就是十分具有吸引力的事物。

重點 90：好奇是孩子最好的老師

家長不要小看孩子的這一個個的奇思妙想，要知道，他們這些新奇的想法裡，往往蘊藏著不可估量的潛能。孩子的學習動力就來自於好奇心，有了好奇心，就會有獲取知識的欲望。作為家長，應該保護孩子的這種好奇心，保護得好，便會有利於他將來的幸福。

好奇心是孩子的天性，也是他最好的老師。有了好奇心，孩子才會去探索知識，敢於去創新，從而一步步的去認識這個世界。這是一個嘗試的過程，也是孩子獲取知識，認識世界的一個主要途徑。

孩子由於年齡小，眼界不夠，認知不足，所以很多的事情對他們都有著強大的吸引力。他們會以自己的方式表現出自己的好奇。有的時候他們的舉動看上去很天真，還帶有幾分「傻氣」。不過這都是很正常的表現，家長無論如何都不要打壓他們的這種好奇心。

那麼，在孩子小的時候，家長應該如何做，才可以激發並且保護孩子的這種好奇心呢？

第一，當孩子問自己問題的時候，不要打發了事。現在的孩子接觸社會的管道有很多，並且社會發展得也很快，新鮮事物層出不窮，孩子們的好奇心強，總是問東問西，這是件好事情，家長一定不要感到厭煩。如果發現孩子對一件事情感興趣，那麼就應該因勢利導，讓他去積極的思考，好好的利用這個好奇心。

第二，多讚揚孩子，鼓勵他發展自己的興趣愛好。沒有一無是處的人，每個人身上都會有多多少少的優點，而作為家長，對於自己孩子身上的優點就更加應該注意到，多讚揚。經常讚揚孩子的優點，幫助他發掘自己的興趣愛好，然後一起努力，讓孩子有一技之長，能夠更好的適應社會發展的需要。

第三，不要扼殺孩子的求知欲。由於孩子的年齡小，在問一些問題時可能會表現出「傻乎乎」的樣子，家長不要嫌棄，更不能夠說：「現在和你說了你也不明白，等你長大了就懂了。」之類的話。孩子之所以問問題，就是由於想要知道事情的答案，渴望從父母那裡得到一個解釋。他們的知識水準和經驗都不足，當提出問題的時候，如果家長處理的不恰當，就會扼殺掉他的求知欲，從此不再提問問題，也不會再認真的觀察身邊的事物。孩子也有自尊心，他們的知識水準和各種能力都不是一蹴而就的，家長也應該學著在孩子面前懂得謙遜，給他一個獨立思考的空間和提出解決辦法的機會。

第四，要與孩子平等的交流。孩子一般都尊敬家長，而作為家長，也應該懂得尊敬自己的孩子。對於一件事情，家長不要「說一不二」，要學著和孩子討論、交流，如果太早的下斷言的話，那麼很容易挫傷到孩子的好奇心。家長可以試著換種方法來解決。比如對孩子說：「這件事我還沒有想好，我想聽聽你的看法。」或者：「這個問題你應該很清楚，你接著說。」透過這種方式，能夠很好的照顧到孩子的自尊心和好奇心，從而使他們盡自己最大的努力去思考問題，如此一來，思維上也有了創新。

在孩子幼年的時候，好奇心與興趣是密不可分的，在強烈的好奇心的驅使下，他的興趣也會有所提高，與此同時，想像力、注意力和記憶力等都會有所提高。這對於他日後自身能力的發展有著極其重要的意義。

重點91：耐心的回答孩子的「十萬個為什麼」

孩子總會有提不完的問題，他們的小腦袋奇思妙想，天馬星空。當孩子每天纏著家長問東問西的時候，工作勞累一天的家長難免會有些不好應付。在這種情況下，家長很難控制住自己的情緒，往往就會忘了自己說話時的方式和語氣，頭也不回的給孩子撂下一句：「你怎麼這麼煩人！」孩子本來只是想問一兩個問題，被父母這麼劈頭的一句呵斥，心裡就會覺得受了委屈，之前的好奇心被打消了，同時對父母也會有些失望。

丫丫今年五歲了，眼睛大大的，每次有不懂得問題時，大眼睛都會轉呀轉的，很可愛。可是有的時候她的問題都是「成串成串」問的，父母也感覺有些「招架不住」，有的時候也會把他們問煩了。

這天早晨，媽媽正在廚房裡做飯，丫丫起得早，就到廚房裡去找媽媽了。因為是陰天，所以她就問媽媽：「媽媽，怎麼今天看不見太陽呀？」媽媽忙著做飯，就隨口說了一句：「太陽躲在烏雲的後面。」丫丫又問：「太陽為什麼要躲到烏雲的後面呢？出來不好嗎？」媽媽說：「太陽每天都按時起床，有時候太累了就會偷懶，躲到烏雲後面休息一會。」丫丫不死心，繼續問道：「那烏雲在前面做什麼呢？」媽媽說：「下雨呀。」丫丫又說：「可是現在沒有下雨呀。」「哎呀，一會就下了，你怎麼大早晨的這麼多話，真煩！快回房間裡再睡一下，飯煮好了我再叫你。」媽媽有些不耐煩的說。小丫丫便不再提問了，回到了自己的床上趴著不說話了。

丫丫的媽媽因為忙碌和勞累的原因，將愛問問題的小丫丫拒絕了。於是孩子不再提問問題，並且感覺到了失落。

其實，家長們不妨換一個角度來思考問題。孩子之所以會有問不完的問題，是由於他對這件事情感興趣，有思考，願意動腦。我們常說，越愛問問題的孩子也越聰明，這絕對不是空穴來風。孩子的問題越多，涉及的方面越廣，說明他對事物的觀察夠細膩，動腦能力強。這樣的孩子智力發育的往往很快，也應該是父母的驕傲。

可是在平時，父母只有在向別人炫耀、誇讚自己的孩子的時候，才能夠體會到這種喜悅，而當自己遇到孩子提問時，卻常常表現出不耐煩，甚至有的時候還會對孩子大聲的責備。

孩子愛問問題，這是他成長求知的過程中所必不可少的一個組成部分。有時候孩子要的未必是一個固定的結果，而只是和父母的一種溝通，這種溝通中應該流露著濃濃的親情。孩子喜歡問，家長也不要嫌孩子麻煩，要有足夠的耐心來回答，這樣才有利於孩子的健康成長。

那麼當孩子沒完沒了的問問題時，家長們應該怎麼辦呢？

首先，家長可以限制孩子問問題的次數和數量。當孩子問問題的時候，家長可以和孩子商量，告訴他每次問的不能太多，而且只能回答幾個。這樣，孩子就能從中挑選出最有價值或他最想知道的問題了。

然後，在時間上要有所掌控。當你太忙或者太累的時候，可以向孩子說明你現在的情況，答應他他的問題可以在稍微晚些時候，比如吃完飯再進行回答。還可以說明你要在幾點鐘的時候要睡覺休息，這樣孩子也能夠將自己的問題進行提煉，總結出最想知道的事情。

最後，可以鼓勵孩子自己來回答。當你覺得孩子完全能夠自己回答出問題時，或者已經和他講過的問題，你就可以讓他自己好好想想再來告訴你。

總之，要對孩子有耐心，不要怕「十萬個為什麼」。

重點92：態度比考一百分更重要

常言說得好，要想做好事，先要做好人。學做人，便是一個態度的問題。做事情要講究恰當的方法，但是如果沒有一個良好的態度的話，就算再好的方法也是無濟於事。

對於孩子來說，學習是重中之重的事情。對待學習的態度是基礎，而方法則是一種途徑。基礎打好了，再配以良好的方法，那麼學習起來就會感覺到很輕鬆，事半功倍。而要是基礎沒打好，那麼再好的方法也不能夠學以致用、學有所成。所以說，態度比考一百分更重要。

態度往往來源於價值，對一件事情的態度如何，取決於這件事情它所具有的價值和對自身的意義。如果它的價值越大，對自身的意義越大，那麼我們對待它的態度也就會越端正、越強烈。

在學習上，有一個很「笨」的方法，就是人們常說的「只要功夫深，鐵杵磨成針」。這種方法之所以能得到如此廣泛的推崇和提倡，就是由於它代表著一種堅持不懈的態度。而人們耳熟能詳的「龜兔賽跑」的故事也是同樣的道理。兔子跑得快，姑且說牠的方法好，但是最後卻輸給了烏龜，這是為什麼呢？就是由於牠的態度不端正，並沒有用良好的態度去對待那場比賽。所以說，就算沒有一個好的方法，但是只要態度端正，那麼也同樣能夠取得成功；而要是有一個好的方法，卻沒有一個正確的態度去規範的話，那麼也不會有所收穫。

對於孩子來說，如果整天迷戀於各種吹噓的「科學方法」中，而不是去從根本上端正態度，那麼就算是很簡單的知識，也會被變得複雜化，失去了學習知識的初衷。還有一些學生，沒有好的方法，態度也不端正，只是抱有僥倖心理，想要在考試過程中抄取好的成績，對於這樣的學生，就算是考了一百分，也沒有任何的意義。

換種方式來講，態度有著決定性的作用。沒有好的學習態度的話，那麼也不會產生好的學習方法。只有態度端正了，才能夠在學習的過程中摸索出方法，累積出經驗，這樣學習起來才會有效率，有成績。如果態度不端正、不認真的話，那麼就算是再好的學習方法，也不會注意到，更不要談從中汲取營養，獲得成績了。

端正孩子的學習態度，態度遠比考一百分更重要。

重點93：「揠苗助長」，只會適得其反

當孩子出生以後，家長總是希望孩子能夠趕快成長，盡快的學會說話，喊「爸爸媽媽」；盡快的學會走路，盡快的幫家裡分擔等。家長總是希望孩子「越快越好」，但是有的時候卻並不是這樣。快，反而不好。

就拿學習走路來說，大部分的家長覺得也是應該早培養、早練習的好。可是家長們卻沒有注意到，有些動作太過超前的話，反而會影響到孩子的正常生長發育。有些幼兒專家就指出，孩子一般在一歲左右時就會學會走路，家長太過心急的話反而不好。

按照寶寶生長發育的一般規律，在一歲左右的時候，大腦對於神經的支配作用趨於成熟，寶寶在此時適合學習走路。不過由於個體之間存在著差異，所以寶寶之間走路的時間也並不是完全的相同。而據專家提醒，最早學習走路也要在九個月以上。通常來講，在寶寶一歲三個月左右的時候，家長可以帶著小寶寶一起邁步；到了一歲半左右的時候，寶寶自己就可以扶著東西走路了；而到了一歲七個月的時候，寶寶就可以在家長的保護和幫助下上台階了。從而一步步的學會走路。

因為個體之間有差異，如果寶寶到了一歲半的時候還不會走路的話，家長一定要注意及時的帶孩子到醫院就診。

總之，遵循孩子正常的生長規律，發現問題要及早治療，揠苗助長也不見得總是好，可能會適得其反。

重點 94：隨時隨地豐富孩子的見識

多元化的社會各種資訊充斥，所以孩子的知識也不再是簡單的只從書本上可以獲得了。和傳統的填鴨式的教育方式相比，多帶孩子走走看看，更適合如今的教育理念，在開闊眼界的同時也能夠學到不少的知識。

斌斌今年讀小學一年級，平時他不願意總待在家裡玩電腦，只要一有時間就會叫上爸爸媽媽出來走走，爸爸媽媽也很願意和他出來散步或者旅遊，覺得這是他開闊眼界的一個不錯的途徑。

後來，只要他們一有時間就會出去走走看看，無論是在他們居住的都市裡走親訪友、看表演、戲劇、逛動物園、植物園，還是到別的都市去旅遊，看看名山大川，體驗一下各地風土人情。對於他們來說，這既是度假放鬆，也是增加見聞、學習知識的大好時機。

每一次外出歸來，父母都會讓斌斌詳細的講一講此間的見聞，要麼當做素材寫的日記裡，要麼和爸爸媽媽一起回顧。這樣既鍛鍊了他觀察的能力，也鍛鍊了他複述表達、組織

語言的能力。

如今斌斌雖然小小年紀，但是卻遊遍許多地方，走過了很多的風景名勝。在開闊眼界的同時他也更了解歷史和文化，而且每一次出遊歸來他都有用文字進行記錄，幾年的時間下來，語文水準也提高了不少。

沒有一個孩子是不願意玩的，其實「玩」也是一種學習，只要家長善於引導，這個過程也可以使孩子成長不少。

只要家長善於引導，孩子處處都是學習的機會。

重點95：鼓勵孩子衝破思維瓶頸

東方教育方式常被人說成是「填鴨式的教育」，的確，教育有著很多的弊端，而多年來在這種教育體制下成長的孩子也會多多少少的受到一些影響。最明顯的一個影響就是做什麼事情都喜歡參考「標準答案」，並不懂得去發展自己的思維，很難衝破自己思維的瓶頸。

孩子總會有些新奇的想法，當他說出自己的想法時，就算是不太符合常理，家長也不要立即的去否定，而是要傾聽，和他探討。要知道，扼殺孩子多彩多姿的想像力，就像是無情的剪掉他任意翱翔的翅膀一樣。可是，由於傳統教育根深蒂固，一些地區在教學上對於孩子的創造思維有所束縛，往往壓抑孩子們的創造思維，而不是積極的去鼓勵。老師「填鴨式」教學，只是機械的照著課本上去講解，並不做引申，也不管孩子的理解能力怎樣。在教學的過程中長期採用一成不變的方式方法，內容和形式都很呆板，不僅如此，老師對於孩子提出的新穎的有趣的答案也不給予理睬，長此以往，勢必會影響到孩子的創造能力和思考能力，不利於其成長。

面對這種情況，要如何緩解或者消除呢？無論老師還是家長，都要緊跟時代，和迂腐呆板說再見。平時多鼓勵孩子提出自己的想法，不要怕他們的「奇言妙語」。孩子只有衝破了思維的瓶頸，才會有創新的欲望和能力。

孩子他們獨特的心理特點決定了他們有很強的好奇心。而老師和家長要做的就是將孩子內心探索的欲望給激發出來，鼓勵他們推陳出新。

珊珊四歲了，平時爸爸媽媽教給她算術，她也很喜歡學，沒事就愛自己數著手指算來算去。

有一天，媽媽張大了手問珊珊，「珊珊，這是幾呀？」「這是五，我知道，嘿嘿。」她笑著說。「嗯，珊珊真聰明，那告訴媽媽，哪兩個數字才能湊出五呢？」「嗯，有一加四，二加三」。她一邊數著手指一邊說著。媽媽接著說：「那除了這兩組之外，就沒有別的了

嗎？」珊珊張著大大的眼睛想了想，又說：「還有零加五，十減五，九減四，八減三，七減二，六減一，嗯，還有五減零，沒啦。」「珊珊真聰明！」媽媽說著親了她一下。

孩子在想一件事情的時候可能會給出不同的方案出來，這就是他們發展思維的表現。應該說，他們思考的潛能是無窮的，而如何激發和保護這份潛能，就是老師和家長的責任了。

不怕孩子提不出新奇的想法，就怕孩子不去思考。鼓勵孩子自己獨立思考，衝破思維的瓶頸，這是很重要的。當然這需要一個過程，如果孩子遇到困難和問題時，不再退縮了，而是大膽的去思考了，這也是一種進步，家長也應該及時的鼓勵。

重點96：培養孩子對舞蹈的興趣

似乎每一個女孩在小的時候都有過一個夢幻的舞蹈夢：穿上潔白漂亮的裙子，畫上美美的妝容，在聚光燈的照耀下翩翩起舞，自己宛如一個仙子一般，那麼美麗，讓人動容。

現在的生活水準提高了很多，家長也都希望自己的孩子能夠有一項特長，於是好多家長都送自己的孩子去學習跳舞。學習跳舞並不一定會成為一名優秀的舞蹈演員，而成為舞蹈家的更是屈指可數，但是對於孩子來說，從小學習舞蹈卻可以鍛鍊她的形體，使她具有非凡的氣質。不過也有好多的家長對於流傳的一些消息，比如學舞蹈一定要要求孩子的體型特別好；學舞蹈影響孩子的骨骼發育；學舞蹈讓孩子會形成「八字腳」，影響體型美觀等半信半疑，不知道如何是好。

其實，家長們並沒有必要擔心這些消息和問題。如果搞不清楚這些消息的真假，那麼就看看身邊或者電視裡那些能歌善舞的孩子吧。透過學習舞蹈，使她們的形體變得苗條富有曲線美，同時還磨練了意志，協調了身體平衡，增添了個人魅力，使孩子從小就散發出與別人不一樣的氣質來。

既然舞蹈可以帶給孩子這麼多的益處，那麼家長們還有什麼好擔憂的呢？

舞蹈確實會給孩子帶來很多的好處，細分起來，主要有以下幾個方面：

第一，形體優美。對於處於生長發育期的女孩來說，透過一段時間的舞蹈專業課的訓練，會使她們的形體變得優美起來，挺胸抬頭收腹等一系列平時的動作會使她們站的更筆挺，對於孩子駝背以及端肩等問題都能夠很好的處理和糾正。

第二，增強肢體的柔韌和靈活性。一個學習過舞蹈課程的孩子，她對於力量的控制，耐力和穩定性等方面的素養都會比一般孩子要好得多。

第三，動作更加協調。舞蹈是一項全身運動，在完成動作的時候往往需要全身的各個

部位進行協調與配合，這就使孩子的身體更加平衡，動作更加協調，也會使她的動作富有一定的節奏感。

第四，增強自信心。孩子經過舞蹈培訓後會參加舞蹈演出，大大小小規模的都參加過了之後，會提升她的心理素養，使她不怯場，並且表演的能力會有所提高，越表演她的表現力就會越強，越能夠感染到別人。透過別人的鼓勵以及讚美，她們的自信心就會得到顯著的提高。

第五，培養審美情感。舞蹈是一種多元化的藝術，它包含了音樂、動作、表情以及姿態等多個方面，透過這些方面的協調配合，來達到表現舞者內心世界的目的。這是孩子與藝術切身接觸的一個過程，孩子會在這個過程裡潛移默化的受到來自於藝術的薰陶，使孩子從小就熱愛生活，對待美有一種全新的認識，也就能夠更好的欣賞和體驗美了。

形體上優美，動作上協調，有很強的自信心，這些都是一個有氣質的女孩所必不可少的條件。透過學習舞蹈，孩子不僅增加了一項才藝，還在無形之中變得有魅力有自信有氣質了起來。

在生活中，並不是每一個女孩都會表現出對於舞蹈的天賦來。對於這些孩子來說，家長也應該在平時的時候多給她們看一些資料，盡力培養她們對於舞蹈的興趣。

比如：多找機會陪孩子一起觀看歌舞表演，無論是到劇場去還是透過電視，都會讓孩子接觸到藝術的薰陶。讓她們透過感觀，去直接的體會和感受舞蹈所散發出來的美與力量，漸漸的形成興趣。而當孩子已經開始「手舞足蹈」時，家長們就要給予正確的引導，並且給她們提供一定的機會去學習，這對於孩子來說是終身受益的。

需要注意的是，如果家長希望自己的孩子接受正規專業的舞蹈訓練的話，那麼就要在她小的時候及早的做決定，不要猶豫不決。一般來講，孩子學習舞蹈，一是要看她的興趣，二是要看她的自身條件。並且有專家建議，孩子學習舞蹈也有一定的年齡限制，對於孩子來說，五至十二歲是她們身體發育的一個很重要的時期，在這個年齡層內很適合孩子學習舞蹈。

重點97：培養孩子對音樂的興趣

現在的家長們越來越希望自己的孩子不再只局限於課本上的呆板的知識，而是能夠學習、掌握一兩個興趣愛好，這樣不僅陶冶了情操，豐富了孩子的生活，還會因為多一項才藝而多具備了一種生存的能力，在這個多元化、競爭激烈的社會中能夠多一項選擇。所以很多的家長都開始培養自己的孩子在音樂上的能力，希望他們能夠掌握一兩種樂器，身心

和智力同時發育。

音樂是一劑良藥，能夠治癒人內心深處的傷痛。音樂是一朵花，給予人最迷人的芬芳。一個懂得音樂的人，他的內心一定是豐富多彩的，他也一定是熱愛生活的。

現在社會在進步，人們的觀念也在隨著改變，很多的家長對於孩子在音樂教育上的觀念也越來越開明和正確。比如給孩子報大提琴班、鋼琴班、合唱團等，並且只要有時間就帶著他去看看音樂會等。在家長的眼裡，並不指望他將來能夠成為音樂家，只是希望透過音樂的薰陶，孩子能夠變得有藝術修養，在將來的成長過程中會收穫更多。也有的家長說，讓孩子學樂器並不是要求他非得掌握什麼技能，只是想透過這種方法來培養他的氣質以及藝術修養。

音樂其實是一種語言，它沒有國界之分，也沒有種族和語言的區分，一段好的音樂，能夠給人以力量，能夠透過人的內心，讓人們看到最真實的自己。孩子透過學習音樂，能夠使自己的情感變得豐富起來，對待情感的感悟能力和體驗能力也會有所提高。他們往往會對身邊的事物觀察的更加仔細，以最細膩的文字和最動人的音符來感悟生活。情操得到了陶冶，文化修養得到了提高。從很多學習音樂的孩子身上可以看出來，他們具有著一種與別人不一樣的靈動的氣質。

重點 97：培養孩子對音樂的興趣

隨著越來越多的孩子開始學習音樂，一些家長也產生了這樣那樣的困惑與煩惱，有的家長覺得音樂的教育要趁早，只有教育的早，以後進步的才會快。但是也擔心孩子對音樂並不感興趣，天分不足，家長的督促到頭來只是「趕鴨子上架」。有的家長覺得花了那麼多的學費，買了那麼貴的樂器，孩子只是剛開始學習的時候有興趣和熱度，可是單調乏味的練習沒有多久，便出現了抵觸和厭煩的情緒。還有的家長覺得樂器的種類很多，不知道要讓自己的孩子學習哪一種才好。

其實家長們的這些困惑與煩惱都很正常，這些問題在培育孩子音樂的過程中也很常見。下面簡單的講一些解決問題的方法。

如果一個孩子在音樂上有天賦，那麼他往往會表現出這樣的特徵：平時喜歡聽音樂，對於曲調很容易的就記了下來，並且在演唱或者演奏的時候很少出錯。而且定音也很準確，還可以自己創做出比較簡單的曲調來。對於這樣的孩子來說，家長要盡自己可能的提供給他學習音樂的機會。當然，這並不是說那些在音樂上沒有天賦的孩子不能夠學習音樂。音樂的本質就是給人帶來快樂，孩子學習音樂也不應該是一件嚴肅的事情，而是要把它當做一種樂趣，在享受快樂的同時逐漸提高自己的音樂素養和藝術修養。

平時的時候，家長可以鼓勵孩子觀看參加一些音樂類的節目，讓他們學著打拍子，隨

著節奏做一些動作，這樣他們對音樂的感覺就會是簡單、美妙和快樂的了。

另外，在孩子的樂器選擇方面，有專家覺得，孩子可以在四至五歲期間學習鋼琴、手風琴等鍵盤類的樂器，在五歲以後可以開始學習古箏、小提琴、吉他等弦樂器。

在樂器的挑選上，家長一定要遵循孩子的興趣和意願，只有當孩子有興趣的時候，他學習起來才會有耐心，也會更快樂，成績見效的也才會更快。家長一定不要強迫自己的孩子學習不喜歡的，那樣就算家長逼得再緊，他也很難有所成績，而只會增加厭惡感。

重點98：培養孩子對繪畫的興趣

一張看似簡單的畫，對孩子會有怎樣的作用呢？

其實，不要小看那一張張躍然紙上的畫作，讓孩子學習繪畫，對他的觀察力、表現力、想像力、記憶力和創造力都有一定的培養。

繪畫很容易讓一個人敞開心扉，將他內心的情感都在繪畫的過程中表現出來。並且還能夠讓他表達出自己對周圍事物的認識，從而培養出他的修養以及審美能力。在孩子的良好的心理素養以及耐力方面，繪畫也能夠達到很大的幫助作用。

一些家長在孩子小的時候就開始培養他們繪畫，時間長了，他們便會有一些發現和感悟。有的家長就說，孩子在學習繪畫的時候，他的觀察能力明顯好過之前。季節的更替，樹葉變綠了，燕子飛來了，這些細微的改變他都能感受的到，而在這之前，他對這一切都是後知後覺的。還有的家長說自己的女兒，在五歲的時候開始學習畫畫，如今，審美能力也隨著畫工的提升而有了很大的進步，不僅會給自己搭配出最好看的衣服來，還做起了家中的「服裝顧問」，總是告訴爸爸媽媽應該怎樣穿衣服才適當，爸爸媽媽也覺得女兒給自己搭配的還不錯。

從家長們講述的關於孩子繪畫後的改變可以看出來，在繪畫的過程中，孩子的觀察力、審美能力等都在基本上得到了提高。他們將在繪畫中學到的、感悟到的關於美的意義都運用到了生活中來，將生活中的美進行了細緻的觀察、體會和再現，使得生活變得更加美好。

孩子的每一種興趣愛好，除了自己的天性之外，還與家長的正確培養有著很大的聯繫，繪畫也不例外。那麼家長們要如何培養自己孩子關於繪畫的興趣呢？

第一，不論孩子畫的怎樣，家長都要給予鼓勵。通常來說，孩子到了四歲左右的時候便會喜歡到處亂畫，將自己的「畫作」在各處「塗鴉」。其實這就是孩子關於繪畫的最初的理解和表現，屬於啟蒙階段，家長要利用好這個階段，對孩子進行一定的引導和鼓勵。只

有正確的引導和適當的鼓勵，才會激起孩子的創作欲望和濃烈的興趣，才會願意去畫。然後就會越畫越多，越畫越好。

第二，引導孩子畫出更加形象逼真的畫。每一個孩子剛開始畫畫的時候都比較單調，構架也很簡單，缺乏立體感，不太飽滿。這個時候，家長就要引導孩子不要停留在表面，要繼續創做出更加豐富飽滿的畫作來。透過鼓勵，使孩子的想像力得到提升，對於繪畫的興趣也會比之前更加的濃厚。

第三，多帶孩子去大自然。大自然是神奇的，更是多姿多彩的。大自然的風景變幻莫測，是感悟美的最好的地方。經常帶孩子出去，讓他們在美景中學會觀察，學會感悟，這對他們的繪畫很有幫助。名勝古蹟、潺潺流水、漫山青翠，這些都是孩子最佳的描繪場景。

有一位父親沒事總會帶著自己的女兒去到處走走，遠時會去看一下名山大川，而近時就會在離家不遠的公園裡轉轉。

女兒很喜歡繪畫，每次出去都會帶著紙和筆，而父親則會時不時的提醒她哪裡需要記錄一下，或者哪裡的風景很美。女兒在父親的指導下，對事物觀察的越來越仔細，她的畫作也提高的很快。

大自然的美是最天然的，那些美景往往會激發人的繪畫意識和創作熱情，久而久之，觀察的細緻了，繪畫的能力也提高了。

重點99：讓孩子懂得生活的情調

人活一世，雖然是「光著身來，光著身走」，但是漫長的人生旅途還是有數不盡的風景值得欣賞和留戀的。作為一個人，要想活的精彩，要想日子每天都充實幸福，那麼就需要有情調。

「情調」應該分為兩個部分，首先，「情」是指親情、友情和愛情的總稱，它能夠反映出一個人的愛心，也可以延伸出他對於別人是否能夠理解和包容。至於「調」，則是指一個人為人處事的方法和原則，它是在「情」之上的一種幽默詼諧的生活態度。

一個人可以沒有更高的教育程度，這是由很多的因素決定的，也可以沒有地位和名利，這有時候也是自己所決定不了的。但是他一定不能沒有生活的情調。一個沒有情調的人，他的生活該是枯燥乏味的，就像一張白紙那樣，單調毫無色彩可言。每個人的生活看起來有所不同，但其實本質上是一樣的，都是在為了生活奔波著。這個奔波的過程的關鍵，就是要看我們能夠從中領悟到什麼。人是高等的動物，和那些普通動物的區別就是有思想，所以，我們可以活的明白些，活的灑脫些。

對於孩子來說，家長應該在他小的時候就教給他如何生活，怎樣才算懂得生活，享受生活，怎樣才能夠在繁忙嘈雜的環境中生活出情調來。培養他學習琴棋書畫，這些文藝都是對生活的一種反思和放鬆，能夠在享受的過程中體悟到其中的樂趣。家長應該放下功利之心，學習這些藝術不要單純的想要孩子考試、升學之用，除此之外，它還應該有更大的作用。難道家長想要從小培養孩子的這些藝術，等到孩子考完了試就扔在一邊，今後的日子都不再運用嗎？顯然，這些藝術還有比考試更大的作用，那就是陶冶孩子的性情，豐富他的內心世界，使孩子的生活變得更加多姿多彩。

我們的生活中有很多的人，他們的一言一行都透露出他們極高的涵養，而在他們的臉上，卻有著一種心如止水的鮮亮，這些是一個人對於生活的態度，也是他成熟魅力的標誌，更是他有情調的具展現。

作為家長，應該盡自己可能的去提高孩子的素養，多讓他接觸些藝術和文化，經常旅遊、參加藝術活動等都可以作為一種培養方式，重要的是孩子用心在參與，在學習。而在日常的生活中，家長也要做好家庭的氣氛，要活躍，要充實，更要和諧，這些都是孩子養成情調的必不可少的關鍵因素。

讓孩子懂得生活的情調，他的生活將更加的絢爛多彩。

重點100：定期帶孩子去「相約自然」

大自然具有著神聖的魔力，工作累了，生活找不到方向了，情緒低落了，只要到大自然中去感受一下，就能夠很快的找到狀態，恢復過來。作為家長，也應該經常帶孩子去「相約自然」，這看似是一種遊玩，其實具有很多的好處。在這個過程中，不僅可以開闊孩子的眼界，豐富他的知識，還可以使他對自然美有一個嶄新的認識，陶冶了性情。

大自然是豐富多彩的，它有蔚藍的天空、洶湧的大海、壯美的山川，以及萬紫千紅的花草樹木。這些奇美的景象，對孩子來說，無論是在視覺上，還是在心靈上，都具有一定的衝擊。他們會感覺到驚歎，他們會忘掉憂愁，他們會在幼小的心靈裡留下深刻的記憶。

要想孩子更好的認識和欣賞大自然，作為父母，就要有一定的知識儲備，可以邊走邊看邊講，讓孩子能夠在觀看的同時學習到知識。

如果家庭有條件的話，那麼父母可以多帶孩子去旅旅遊，見識下別處的風景。而對於在都市裡工作，長途旅遊時間不夠的家長來說，也完全可以選在週末帶著孩子去植物園或者動物園等地方，這裡也是接觸大自然的不錯的選擇。而對於農村的家長來說，條件就便利多了，他們能夠讓孩子全身心的去接觸大自然。條件和機會只要家長有時間，基本上都可以滿足孩子。但是重要的是，家長要給孩子一定的講解，如果和孩子一起去遊玩，當被

孩子問及問題的時候，家長沒有一定的知識準備怎麼行呢？

我們應該看到的是，大自然對於豐富孩子的業餘生活，開闊他的視野，陶冶他的情操，以及鍛鍊孩子性格和磨練他的毅力上，都具有著很大的作用。所以當我們要求孩子按時完成作業，努力學習的同時，不要忘了和他定期去「相約大自然」。

重點 100：定期帶孩子去「相約自然」

電子書購買

爽讀 APP

國家圖書館出版品預行編目資料

成為好父母的一百種魔法學：如何在世界的繁忙中，找到屬於孩子的成長路徑 / 周雲煒 著 . -- 第一版 . -- 臺北市：財經錢線文化事業有限公司, 2023.09

面； 公分

POD 版

ISBN 978-957-680-680-3(平裝)

1.CST: 親職教育 2.CST: 子女教育 3.CST: 親子關係

528.2 112013617

成為好父母的一百種魔法學：如何在世界的繁忙中，找到屬於孩子的成長路徑

臉書

作　　者：周雲煒

發 行 人：黃振庭

出 版 者：財經錢線文化事業有限公司

發 行 者：財經錢線文化事業有限公司

E-mail：sonbookservice@gmail.com

粉 絲 頁：https://www.facebook.com/sonbookss/

網　　址：https://sonbook.net/

地　　址：台北市中正區重慶南路一段六十一號八樓 815 室

Rm. 815, 8F., No.61, Sec. 1, Chongqing S. Rd., Zhongzheng Dist., Taipei City 100, Taiwan

電　　話：(02) 2370-3310　　**傳　　真**：(02) 2388-1990

印　　刷：京峯數位服務有限公司

律師顧問：廣華律師事務所 張珮琦律師

定　　價： 350 元

發行日期： 2023 年 09 月第一版

◎本書以 POD 印製